ÉCOLE
DES MŒURS
LILLE. — L. LEFORT
EDITEUR.

ÉCOLE DES MŒURS

In-12. 2e série.

Courage........ vous voilà sauvés !

M. BRUN

ÉCOLE DES MŒURS

DE LA JEUNESSE

D'APRÈS L'OUVRAGE DE L'ABBÉ BLANCHARD

CINQUIÈME ÉDITION

Quid leges sine moribus?

LIBRAIRIE DE J. LEFORT

IMPRIMEUR ÉDITEUR

LILLE | PARIS
rue Charles de Muyssart, 24 | rue des Saints-Pères, 30

ÉCOLE DES MŒURS

CHAPITRE I

> Craignez un Dieu vengeur et tout ce qui le blesse ;
> C'est là le premier pas qui mène à la sagesse.

Dieu est ! Sur cette vérité reposent la vertu, les mœurs, la probité, la société humaine elle-même tout entière. Bannissez cette croyance du cœur des hommes, et le monde ne sera plus qu'un théâtre d'horreurs.

Oui, il est un Dieu tout-puissant, juste par essence, vengeur du crime, rémunérateur de la vertu. Essentiellement infini dans toutes ses perfections, il cesserait d'être Dieu s'il laissait le vice sans punition et la vertu sans récompense.

Maître et Roi de l'éternité, c'est dans ces siècles sans fin que s'exerce sa justice. Créé libre par lui, l'homme aurait en quelque sorte perdu ce privilége de liberté si ses vertus ou ses crimes avaient sur-le-champ reçu leur récompense ou leur châtiment, et la gloire du Seigneur demandait qu'il fût servi par des créatures libres et raisonnables. Dieu, en souffrant que l'homme abuse de ce privilége glorieux, donne à la vertu gémissante le moyen d'augmenter ses mérites, au vice triomphant le temps du repentir ; et il se ménage à lui-même de faire éclater au dernier jour sa justice et sa miséricorde dans tout l'éclat de leur splendeur.

Dieu ne nous a pas créés pour nous rendre malheureux, mais il ne nous a pas non plus tirés du néant pour l'offenser. Que de biens nous ont été donnés par sa bonté divine! Le ciel avec son azur et les étoiles dont il est diapré ; le soleil qui donne au jour sa clarté ; l'astre des nuits qui chasse les ténèbres par sa douce lumière ; les fleurs avec leurs riantes couleurs et leurs suaves parfums ; les fruits si agréables au goût ; les arbres, les plantes avec leurs frais ombrages et leurs sucs salutaires ; les animaux et leur force, la terre et ses richesses, la mer et ses trésors : tout ce que ce monde renferme de beautés, tout a été fait pour l'homme. Dieu, après avoir créé tout, vit que tout était bien ; alors il fit l'homme à son image, et, l'établissant roi de la création, il lui donna la terre pour domaine et l'univers pour palais.

Tout hors de nous parle à notre âme d'un Dieu puissant et bon ; et si, détournant nos regards de l'insecte qui nous crie sa gloire, nous les portons sur nous-mêmes, nous verrons dans la structure du corps humain l'abrégé des merveilles de l'univers. Galien, philosophe païen et l'un des plus célèbres médecins de l'antiquité, après avoir exposé dans un de ses ouvrages la construction du corps humain, s'écriait avec enthousiasme : « Je

viens de chanter le plus bel hymne en l'honneur de la
Divinité. »

Pourquoi, disent quelques esprits chagrins et querel-
leurs, pourquoi donc ces désordres qui troublent l'harmonie de cette belle nature sortie des mains de Dieu ?
Hélas! ce roi de la création, cet homme libre et raisonnable, a tourné contre son Créateur et sa raison et sa
liberté, et tous les biens qu'il en avait reçus. Alors tout
a changé : la terre est devenue pour le prévaricateur un
lieu de pénitence et d'exil, et nous, héritiers malheureux d'un père criminel, nous avons été enveloppés dans
sa disgrâce, comme les enfants infortunés d'un père
rebelle sont justement privés des biens et des prérogatives de leur naissance.

Dès lors, outragé par sa créature, Dieu, comme
disent les Livres saints, créa le feu, la grêle, la famine
et la mort, pour exercer la vengeance. De là les misères
tombées sur la nature humaine, et les passions qui
causent encore plus de ravages que les misères. De là
tous ces désordres de la nature, triste apanage de
l'homme pécheur.

Mais, tout en châtiant, Dieu punissait en père. Il nous
a gardé un souvenir de miséricordieuse pitié ; et si
quelques créatures se sont révoltées contre nous, la
plupart encore servent à nos besoins et même à nos
plaisirs. L'oiseau vient becqueter le grain que nos mains
lui donnent, et son chant gracieux nous réjouit. Un
animal plein d'enjouement, qui, avec les apparences
de la raison, semble vivre pour aimer l'homme, a été
placé près de lui par Dieu : le chien, dont la fidélité
préfère le malheur avec son maître aux douceurs que
lui offrirait un étranger. La sagesse divine, comme une
mère tendre, pourvoit aux besoins et aux plaisirs de
ses enfants.

Et tant de bonté n'obtient souvent de la part des
hommes qu'ingratitude et que mépris. Tandis qu'un

petit nombre demeure fidèle aux commandements de ce Maître tout-puissant, une multitude insensée l'outrage, le blasphème et se livre à tous les désordres de ses honteuses passions. Dieu verrait-il donc du même œil le bien et le mal? laisserait-il dormir en paix dans la même poussière le scélérat et l'homme de bien? Où seraient alors sa justice et sa sainteté suprêmes, si, offensé lui-même infiniment dans les persécutions faites à la vertu, il gardait envers le crime un éternel silence, s'il n'offrait pas à la vertu un lieu d'éternel repos?

Lent à punir, parce qu'il a une éternité tout entière pour frapper les coupables, il se lèvera un jour dans tout l'éclat de sa gloire et de sa puissance, il vengera sa cause en maître irrité. Oui, Dieu est juste, et c'est en vain que l'impie se flatte de retourner au néant. Le Dieu qui l'en a tiré l'en ferait sortir une seconde fois, s'il le fallait, pour lui faire boire jusqu'à la lie le calice de ses fureurs.

Croyons donc à ce Dieu dont tout nous révèle l'existence; aimons-le pour sa bonté, redoutons-le pour sa justice. Cette crainte salutaire, ainsi que le dit l'Écriture, est le principe de la sagesse. Les séductions nous entourent de toutes parts, notre faiblesse nous entraîne; mais la crainte de Dieu, sentinelle vigilante de notre âme, en éloigne le péché et la mort. Cette crainte salutaire ennoblit l'âme, et selon le plus sage des rois, nul n'est plus grand que celui qui craint Dieu. Roi de toutes ses passions, il les asservit et les dompte; il n'est attaqué que pour être vainqueur, et son triomphe durera dans les siècles sans fin.

La pieuse mère de saint Louis lui disait avec cette tendresse que la nature a donnée aux mères, et cette magnanimité que la religion donne à ses héros : « Mon fils, je vous aime beaucoup, mais j'aimerais mieux vous voir expirer à mes pieds que de vous voir commettre un seul péché mortel. »

Le pieux monarque avait gardé comme un précieux héritage les sentiments de sa sainte mère. Un jour, il demandait à Joinville ce qu'il préférerait d'avoir la lèpre ou d'avoir commis un péché mortel. Joinville lui répondit qu'il aimerait mieux avoir fait trente péchés mortels que d'être lépreux. « On voit bien que vous ne savez pas ce que c'est que d'avoir offensé Dieu , dit le roi ému d'indignation ; apprenez qu'un seul péché mortel est un mal plus à craindre que tous les maux du monde ensemble. »

« Donnez-vous bien de garde de rien faire qui déplaise à Dieu, disait le même prince à son fils au moment de mourir. Vous devez désirer de souffrir toutes sortes de tourments plutôt que de l'offenser. »

Louis VIII porta ce sentiment jusqu'à l'héroïsme, puisqu'il préféra mourir à 38 ans que de sauver sa vie par un remède que défendait la loi de Dieu.

Imitons ces pieux exemples; donnés de si haut, ils doivent encore nous paraître plus dignes d'être suivis. Aimons notre Père, craignons notre Juge, la crainte et l'amour nous rendront dignes d'entrer un jour dans le séjour de son éternelle gloire.

———

CHAPITRE II

Ne plaisantez jamais ni de Dieu ni des saints ;
Laissez ce vil plaisir aux jeunes libertins.

Le nom de Dieu est saint et terrible. Les anges l'adorent en tremblant, et les enfers frémissent à ce nom redoutable. C'est manquer au respect qui lui est dû que de le mêler à des conversations frivoles et légères : quel crime est-ce donc d'oser le blasphémer par de grossiers juremens, par des imprécations qui attaquent sa sainteté infinie !

Et pourtant, quoi de plus commun que d'entendre ces blasphèmes et ces juremens? On souffre : Dieu est injuste, il est cruel, s'écrie-t-on. Un incident imprévu provoque-t-il la colère, on fait entendre d'horribles juremens qui s'attaquent à ce nom glorieux, si digne de louanges et d'amour, on lui jette l'injure et la profanation, tandis qu'on n'ose prononcer qu'avec respect celui des princes et des puissans de la terre !

La vénération que nous devons avoir pour Dieu doit s'étendre à tout ce qui lui est spécialement consacré. Le tourner en ridicule, c'est se rendre infiniment méprisable ; c'est une impiété, un sacrilége, parce que ces outrages rejaillissent sur la Divinité elle-même, et que c'est insulter au maître que de mépriser ce qui lui appartient.

La raillerie est l'arme favorite du vice. C'est par elle que les détracteurs de la piété se plaisent à l'attaquer. Rien n'est plus ordinaire aujourd'hui que d'entendre sur la religion les plus mauvaises plaisanteries. Les ministres du Seigneur, les personnes qui ont embrassé la vie religieuse, les miracles, les cérémonies sacrées, les saints, les mystères augustes de notre foi, sont tour à tour l'objet des railleries des gens du monde. On croit ainsi mériter le titre de philosophe; on ne mérite que celui d'impie, et on montre moins le brillant de son esprit que la corruption de son cœur.

C'est un devoir rigoureux pour tout chrétien de fuir la société de ces hommes qui se plaisent à insulter ainsi à tout ce qu'il y a de plus sacré. Si parfois on se trouve en contact avec eux, il faut que, par un froid silence, on fasse justice de ces railleries sacriléges, dont le but est d'obtenir l'attention et les applaudissements de la société. Dieu est notre Père; devons-nous être insensibles aux intérêts de sa gloire?

Que de gens qui se disent chrétiens sont répréhensibles sur ce point! Tranquilles et indifférents sur tout ce qui regarde Dieu, ils sont pleins de feu sur ce qui les touche. Qu'un impie raille en leur présence ce qu'il y a dans la religion de plus saint et de plus sacré, ils sont muets, et peut-être vont-ils jusqu'à s'en divertir. Mais que la raillerie lance sur eux ses traits piquants, que seulement elle les effleure, et leur mécontentement éclate. Que n'aiment-ils Dieu autant qu'ils s'aiment eux-mêmes! Ils vengeraient sa gloire outragée, ne fût-ce que par le silence de l'horreur et du mépris.

Si c'est un devoir rigoureux pour tous de fuir la société des impies, pour les femmes surtout cette obligation devient une loi. La religion est le palladium sacré de leur honneur. A elles surtout appartient d'imposer silence à ces audacieux détracteurs de tout ce qui est saint et respectable. Mais elles doivent éviter avec soin toute dispute sur ces matières. Une réponse nette qui, en faisant connaître leur attachement à la religion, oblige le railleur à se taire, vaut mieux pour elles et leur fera infiniment plus d'honneur.

Il est imprudent de s'engager dans le combat avec ces railleurs impies. Pour confondre l'erreur, pour la suivre dans le labyrinthe où elle se plaît à nous égarer avec elle, pour écarter les nuages dont elle s'enveloppe, il faut plus de connaissances, plus de lumières que n'en ont ordinairement les personnes du monde ; et le plus sage parti est celui d'un dédaigneux silence. On peut encore opposer aux impies une réponse courte qui tranche la difficulté, ou une fine ironie qui fasse tomber le ridicule sur le plaisant lui-même.

Un jeune incrédule voulut entamer avec le P. Oudin, jésuite, une dispute sur la religion. Le Père refusa toute discussion. « Du moins, mon Père, dit le petit-maître, apprenez que je suis athée. » Alors le P. Oudin se mit à l'examiner en silence avec l'air du plus grand étonnement. « Qu'ai-je de si singulier, mon Père, dit le jeune homme, et que regardez-vous avec tant de curiosité ? — Je regarde, monsieur, dit le P. Oudin, la bête qu'on appelle athée et que je n'avais jamais vue. » Le jeune homme, à ces mots, se retira tout confus.

Si nous devons éviter la société des impies à cause de Dieu, notre propre intérêt nous en fait aussi une loi. L'impiété vient toujours de la corruption du cœur. Entre de coupables passions qui plaisent et des remords qui déchirent, on ne veut ni sacrifier les uns ni se rendre à la voix des autres ; alors on se jette entre les bras du doute, et on sacrifie la foi.

Mais vient pour tous l'heure de la mort : et tout ce qu'avaient obscurci les passions et la santé brille alors aux regards d'un éclat terrible. L'impie, au premier signal de la mort, lève les yeux vers le ciel ; il y voit ce Dieu qu'il outragea ; il le reconnaît, et il tremble sur tout ce qu'il avait raillé ; il redoute cette éternité dont les portes s'entr'ouvrent. Heureux si le repentir lui arrache des larmes qui puissent effacer ses blasphèmes !

On a vu de ces railleurs sacriléges dont les lèvres déjà glacées murmuraient encore les plaisanteries insensées qu'ils avaient proférées durant leur vie, et achevaient ainsi de se couvrir d'opprobres. Mort affreuse ! châtiment terrible qui les laisse mourir sans remords comme ils ont vécu sans foi !

Voulons-nous mourir dans la paix de Dieu ? Entourons d'un respect filial son nom saint et tout ce qui touche à la religion qu'il nous a donnée ; et méprisons, au lieu de les imiter, ceux qui osent s'attaquer avec audace à la majesté du Dieu vivant et éternel.

CHAPITRE III

Que votre piété soit sincère et solide,
Et qu'à tous vos discours la vérité préside.

Laissons les ennemis de la piété jeter sur elle leurs
amers sarcasmes. Ces discours pleins d'ironie sont comme
la voix du remords qui les fait gémir de s'être écartés de
la seule voie qui conduise au véritable bonheur. Scandaleux dans sa conduite, l'impie aime à se persuader à
lui-même que ceux qui paraissent les plus vertueux ne
font que se cacher habilement sous un masque tissu
avec art ; le vice leur paraît alors plus excusable, et en
prêtant aux autres leur propre laideur, ils se trouvent
moins hideux.

Il y a, je le sais, une fausse dévotion, une piété
hypocrite qui déshonore la religion et mérite le blâme
en ce qu'elle abuse de tout ce qu'il y a de plus saint et
de plus sacré. Mais ceux qui affectent de confondre sous
les mêmes traits la vraie et la fausse piété, sont-ils
moins dignes de blâme, eux qui, sans même garder les
apparences, donnent bien haut le scandale du mauvais
exemple et font tomber si souvent la vertu dans les
piéges les plus honteux ?

La fausse piété elle-même connaît si bien les divins
attraits de la vraie dévotion, qu'elle s'abrite sous son

voile et ne se présente aux regards qu'en empruntant ses charmes. Mais elle ne peut porter longtemps le joug doux et léger qui pour elle n'est qu'un pesant fardeau. Elle le jette, et souvent même elle conserve encore ses illusions que déjà les autres l'ont jugée, reconnue, et ont fait justice de ses fausses prétentions. Entre les personnes qui font de bonne foi profession de piété, il en est qui, se trompant involontairement, n'ont pas la vraie et solide dévotion, parce qu'elles veulent allier avec la piété ce qui lui est incompatible. Les femmes surtout, plus portées que les hommes à la dévotion, tombent aussi plus facilement dans l'illusion. Fidèle à une multitude de pratiques pieuses, elles se reprocheraient comme un crime d'en omettre une seule ; mais en même temps on les voit négliger, pour ces pratiques, leurs devoirs les plus essentiels ; on les trouve, dans leur intérieur, aigres, impérieuses, ne voulant ni se plier ni se contraindre ; rendant malheureux tout ce qui les entoure par leur humeur et leurs caprices ; voulant être dévotes et n'étant pas même raisonnables.

Quelques autres sacrifient les devoirs de leur état aux pratiques extérieures de la dévotion, négligent pour elles le travail qui les fait vivre, le soin de leur famille, et font souvent blasphémer, par un mari courroucé, le Dieu qu'elles croient honorer et qu'elles servent si mal.

D'autres, par un étrange aveuglement, veulent unir le luxe et les plaisirs du monde avec la piété. Le matin, on édifie à l'église ; le soir, on scandalise au spectacle. On mêle les choses sacrées aux choses profanes ; on veut allier le service de Dieu avec celui du démon, malgré cet oracle sorti de la bouche même du Sauveur : « Nul ne peut servir deux maîtres ! »

La piété sincère et solide prescrit à chacun de remplir fidèlement tous ses devoirs. C'est vainement qu'on vante bien haut la probité mondaine, la religion de l'honnête homme. La piété seule, en apprenant à l'homme à soumettre sa raison à sa foi, le rend maître de ses passions mauvaises, où vient trop souvent se briser, comme contre de dangereux écueils, la religion de l'honnête homme. Tendant toujours à ce qu'il y a de plus parfait, elle rend l'amitié fidèle, la probité sûre. C'est elle qui façonne la femme forte, dont la vertu est la couronne de son mari, la tendresse, le bonheur de ses enfants. Elle rend les époux fidèles, les juges intègres, les rois justes et cléments, les commerçants probes. Le soldat lui doit sa bravoure, l'enfant sa candeur et sa docilité. La jeunesse puise à cette source sacrée son innocence et sa pudeur ; le vieillard, l'espérance à l'heure de la mort ; la douleur, une résignation qui lui rend ses peines moins amères ; tous les hommes enfin, le bonheur en cette vie, la gloire et la paix de Dieu dans la vie éternelle.

Les saints l'avaient compris. Aussi, méprisant les critiques et les jugements du monde, à tel rang élevé qu'ils appartinssent ou dans quelque état abject qu'ils eussent été placés par la Providence, ils pratiquaient la piété. Saint Louis sur le trône, la pieuse Geneviève gardant son troupeau, surent, par l'accomplissement parfait de tous leurs devoirs et leur amour pour le Seigneur, mériter la couronne éternelle.

Ayons donc une piété solide, vraie, qui nous rende fidèles à tout ce que nous devons à Dieu, au prochain, à nous-mêmes. Que les parents jettent et cultivent avec soin ce germe précieux au cœur de leurs enfants. De ce pieux labeur ils recueilliront les fruits les plus doux ; et la tendresse filiale, la sagesse, les vertus aimables de leurs enfants les récompenseront au centuple des peines qu'ils se sont données.

Que les jeunes gens, les jeunes personnes se placent sous la sainte égide de la piété ; les orages de la vie passeront sur leurs fronts sans les flétrir. La paix et l'innocence régneront dans leurs cœurs. Ils deviendront

des hommes sages, des femmes irréprochables dans leurs
mœurs, aussi fidèles à remplir les devoirs de la société
que ceux de la religion; et dans un monde où tout est
scandale, ils donneront le touchant exemple d'une vertu
qui ne se démentira point.

Après le respect et l'amour de Dieu, après le dévouement au prochain, une des plus belles vertus qui jail-
lissent de la piété solide, est la sincérité. La parole est
le plus beau don de la bonté de Dieu. Par elle, les
hommes échangent entre eux leurs pensées, et leurs
sentiments les plus intimes sortent du sanctuaire de leur
cœur. Mais c'est aller contre l'institution de la nature
que de faire servir ce don sublime à la duplicité. Quelle
confiance pourra exister dans la société si la vérité est
bannie de son sein, et si la langue, destinée à être l'in-
terprête fidèle du cœur, n'en est plus que le voile perfide
qui le voile et le déguise?

L'honnête homme, le vrai chrétien ne se borne pas
à détester le mensonge; il le hait, il le déteste, parce
que le Dieu qu'il adore est la vérité même, et que « les
lèvres menteuses, selon la parole du Sage, sont en abo-
mination devant le Seigneur. » Aussi le chrétien pieux
est précieux dans le commerce de la vie. Son amitié
n'est pas vaine et trompeuse; sa bouche est l'organe de
la vérité, et on croit à sa parole parce que le mensonge
n'a jamais souillé ses lèvres.

Mais, il faut l'avouer, cette vertu est bien rare de nos
jours. La duplicité étend partout son empire, et c'est à
qui semblera mentir avec plus d'art. On agrandit, on
exagère tout; on ment même par plaisir et pour s'a-
muser, comme s'il était permis de plaisanter aux dépens
d'une vertu qui tient de l'essence de Dieu même.

Un religieux, voulant se jouer de la simplicité tout
évangélique de saint Thomas d'Aquin, lui dit un jour
d'aller à la fenêtre et qu'il verrait en l'air un bœuf qui
volait. Saint Thomas y courut. « Comment avez-vous pu

croire qu'un bœuf pût voler ? » s'écria le religieux en se
moquant de lui. « Je croirais plutôt qu'un bœuf volât,
répondit le saint, que de penser qu'un religieux tel que
vous pût dire un mensonge. » Belle leçon qui nous apprend combien sont désagréables à Dieu ces mensonges
dits *joyeux* qu'on se permet si légèrement !

Si le mensonge déplaît à Dieu, il n'est pas moins ré-
prouvé par les hommes. On fuit la société du menteur ;
on le méprise, et le monde lui-même, par ce dicton
populaire, « Tout menteur, tout voleur, » dégrade
l'homme sujet à ce vice en l'abaissant au niveau de ceux
que la loi sépare du reste de la société.

Un menteur a beau dire la vérité, personne ne croit
à sa parole ; une défiance injurieuse le suit partout ; et
ses meilleurs amis eux-mêmes cessent d'avoir bientôt
pour lui aucun sentiment de confiance et d'estime. Au
contraire, la candeur et la franchise sont, elles, la base
du caractère ; on a foi en cette personne qui n'a jamais
trahi la vérité ; et si, par impossible, elle proférait un
mensonge, on n'aurait pas même l'idée qu'elle eût pu se
rendre coupable d'une telle bassesse.

Mme la duchesse de Longueville, piquée de n'avoir pu
obtenir de Louis XIV une grâce qu'elle sollicitait, laissa
échapper des paroles peu respectueuses. Elles furent
rapportées au roi, qui s'en plaignit au grand Condé,
frère de la duchesse. Celui-ci assura le roi que cela ne
pouvait être. « Je l'en croirai, répondit Louis XIV, si
elle dit elle-même le contraire. » Le prince va voir sa
sœur, qui ne lui cache rien. Alors il l'engage à une
prudente dissimulation ; il tâche de lui persuader que la
sincérité en cette occasion serait une vraie simplicité ;
qu'en la justifiant il avait cru dire la vérité ; mais qu'il
fallait laisser tomber cela, et qu'elle ferait même plus
de plaisir au roi en niant sa faute qu'en persévérant à
l'avouer. Le prince perdit une après-dîner tout entière à
démontrer à sa sœur l'utilité d'une dénégation. «Voulez-

vous, lui dit-elle, que je répare une faute par une faute plus grande encore, non-seulement envers Dieu, mais envers le roi? Je ne saurais gagner sur moi-même de lui mentir lorsqu'il a la générosité de m'en croire et de s'en rapporter à moi. Celui qui m'a trahie a grand tort; mais après tout il ne m'est pas permis de le faire passer pour un calomniateur, puisqu'en effet il ne l'est pas. » Elle alla le lendemain à la cour. Après avoir obtenu de parler au roi en particulier, elle se jeta à ses pieds et lui demanda pardon des paroles indiscrètes qui lui étaient échappées. Elle ajouta que M. le prince n'avait pu l'en croire capable, et que c'était pour cela qu'il avait entrepris de la justifier auprès de Sa Majesté; mais qu'elle aimait mieux lui avouer sa faute que d'être justifiée aux dépens d'autrui. Louis XIV, par une action également héroïque, non-seulement lui pardonna de bon cœur, mais lui fit quelques autres grâces qu'elle ne s'attendait pas à recevoir; elle crut même remarquer qu'il la traita depuis avec plus de considération et de bonté qu'auparavant.

Exemple d'autant plus beau que les femmes surtout, soit finesse d'esprit, soit sentiment de leur faiblesse, sont généralement plus portées que les hommes à se laisser aller au mensonge. La candeur et la franchise sont les marques caractéristiques d'une belle âme. Jamais une âme noble ne s'écarte de la vérité; mais celle qui ne craindra jamais d'avouer ses torts, saura toujours, guidée par la religion, voiler les défauts du prochain sous un pieux silence. Si elle doit user de franchise envers quelqu'un, la prudence chrétienne, la charité guideront toujours ses paroles, et elle saura éviter l'écueil où tombent tant de gens qui, à force de vouloir être sincères et vrais, ne sont que grossiers et impolis.

Soyons donc toujours fidèles à la vérité. Que ni la crainte, ni l'intérêt, ni le plaisir ne nous portent à souiller nos lèvres par le mensonge; mais gardons

toujours une prudence et une politesse vraiment chrétienne dans l'émission des vérités qui concernent le
prochain. Souvenons-nous que la discrétion est à l'âme
ce que la pudeur est au corps, et qu'un excès cynique de
franchise est une indécence comme une nudité.

CHAPITRE IV

Cette maxime importante et si tristement méconnue
de nos jours est à la fois la source de toute vertu et de
tout bonheur. C'est l'œuvre de Dieu même; de Dieu,
la vérité par essence; de Dieu, principe et fin de
l'homme, voulant pour toutes ses créatures une mesure
incommensurable de félicité. Refuser de se soumettre
aux lois de cette religion sainte, c'est manquer à la fois
et de raison et de bon sens.

On refuse de croire à la religion sous le prétexte de
l'incompréhensibilité de ses mystères; mais ces prétendus philosophes ont-ils eu jamais la pensée de nier les
mystères de la nature, non moins incompréhensibles que
ceux de la foi? Leurs esprits altiers se courbent devant
le grain de blé qui germe dans les profondeurs de la
terre, et ils voudraient que le voile qui leur cache Dieu
ne fût pas impénétrable à leurs regards. Que serait
donc ce Dieu, ce Seigneur infini, si des êtres finis et
bornés pouvaient le connaître dans toutes ses perfections? « Vous seriez bien petit, Seigneur, disait saint
François de Sales dans sa belle simplicité, si vous pouviez
être compris par un esprit aussi petit que le nôtre! »

Les philosophes impies, dans leur pompeux langage,

se plaisent à insulter l'homme pieux à cause de la simplicité de sa foi. Nous sommes à leurs yeux des esprits remplis de préjugés, des âmes faibles, courbées sous un joug dont notre crédulité fait seule la force; ils nous reprochent notre croyance à la parole de Dieu; notre adhésion aveugle à des principes ou, pour mieux dire, à des opinions reçues; et eux, qui rejettent l'autorité divine, rampent presque tous, subjugués par un plus habile, sous le joug de la parole humaine.

Qu'il se trouve parmi eux un de ces génies supérieurs qui, né avec une imagination forte et dominante, aime à donner dans des opinions nouvelles, dans des paradoxes singuliers, et leur prête toute la séduction d'une certaine candeur qui en impose plus que son style mâle et vigoureux : combien aussitôt recevront aveuglément ses décisions tranchantes comme des oracles, et adopteront sans examen les systèmes inintelligibles qu'il a bâtis dans son imagination échauffée, comme le vrai système de la nature !

Qu'il se trouve un de ces hommes hardis qui, désespérant, nouvel Erostrate, de pouvoir s'immortaliser autrement que par des sacriléges, ou aimant mieux, comme César, être le premier dans une bicoque que le second à Rome, lève hautement l'étendard de l'impiété et se mette à la tête des ennemis de la religion; qu'un tel homme, à l'ambition de s'ériger en chef de parti, de se faire un nom par la guerre impie qu'il déclare à Dieu, joigne un esprit vif et facile, une imagination brillante et pittoresque, bientôt il deviendra l'oracle de nos beaux esprits, de nos petits-maîtres, qui sont ou trop légers ou trop superficiels pour vouloir rien approfondir, ou trop corrompus et trop vicieux pour aimer à le faire. Quoiqu'il soit historien sans bonne foi, philosophe sans raisonnement, moraliste sans principes, il sera l'idole de ses admirateurs, qui se laisseront éblouir par le coloris de son pinceau, par la hardiesse

de ses décisions, par la douceur et la commodité de sa
morale. Une foule de disciples courra dans sa délicieuse
retraite entendre ses leçons d'impiété ou s'empressera de
les aller prendre dans ses ouvrages. Son nom, son autorité, qui leur tiendront lieu de preuves, exerceront sur
leurs sentiments un pouvoir despotique qui les pliera à
son gré et les subjuguera sans résistance.

Et ils oseront encore, après cela, nous traiter d'esprits faibles et serviles, qui croient aveuglément les
mystères les plus incompréhensibles, quoique nous ne
les croyions que sur le témoignage infaillible de Dieu
même! Car, ce qui mérite d'être observé ici, il ne s'agit
pas de se récrier sur ce que nos mystères sont inconce-
vables; il n'est question que de savoir si, tout impéné-
trables qu'ils sont en effet, ils ont pour eux l'autorité de
la révélation divine : c'est là le point décisif de la religion. Elle prouve invinciblement cette autorité. Donc,
quelle que soit la profondeur de ses dogmes, si sublimes
que soient ses mystères, la raison doit s'incliner devant elle et courber sa fierté devant l'enseignement de
la foi.

O vous qui lirez ces pages, si votre cœur est attaché
à la religion comme l'est celui d'un enfant à la plus
tendre des mères, vous relirez avec bonheur les preuves
qui vous la montrent née de Dieu et conduisant à Dieu.
Si, au contraire, les leçons de l'impiété vous ont pré-
venus contre elle, oh! lisez avec attention, étudiez avec
un désir vrai de connaître la vérité de ces lignes où sont
exposés les témoignages de la divinité de notre religion
sainte. Attaquée depuis des siècles, c'est par ces preuves
qu'elle a triomphé de ses ennemis. Par elles, elle triom-
phera de vos erreurs, et vos cœurs s'ouvriront à sa
douce lumière.

Jésus-Christ, fondateur de la religion chrétienne, est
Dieu et homme tout ensemble. Mort pour tous les hommes, il est ressuscité par la puissance de sa divinité;

et sa résurrection est la première, la plus éclatante preuve que sa religion est divine.

Comme il n'y a que la toute-puissance divine qui puisse arracher à la mort ses victimes et rendre la vie à ceux qui l'ont perdue, il n'y a qu'un Dieu fait homme qui puisse se ressusciter lui-même. Jamais aucun imposteur n'a eu la folie d'annoncer qu'après sa mort il sortirait vivant du tombeau. Jésus-Christ est le seul envoyé de Dieu qui a osé faire une telle prédiction et la donner comme la marque la plus certaine de l'authenticité de sa mission. Cette prédiction était devenue si publique et si connue, que le lendemain de sa mort les princes des prêtres et les pharisiens allèrent ensemble chez Pilate et lui dirent : « Seigneur, nous nous sommes souvenus que ce séducteur a dit lorsqu'il était encore en vie : *Je ressusciterai trois jours après :* commandez que son sépulcre soit gardé jusqu'au troisième jour, de peur que ses disciples, venant dérober son corps, ne disent au peuple qu'il est ressuscité, et qu'ainsi la dernière erreur ne soit pire que la première. »

Si donc la résurrection de Jésus-Christ n'est qu'une fable, si les preuves mêmes qu'on en a ne sont qu'équivoques ou incertaines, brisons ses statues, renversons ses autels, et ne le regardons plus que comme un misérable séducteur, un imposteur sacrilége, qui a voulu follement abuser de notre crédulité et usurper les honneurs divins. Mais s'il est vraiment revenu à la vie ainsi qu'il l'avait prédit, si la preuve que nous en avons est portée jusqu'au plus haut degré de certitude que les hommes puissent avoir, il faut qu'à son nom tout genou fléchisse et qu'on le reconnaisse pour le Maître souverain du ciel et de la terre.

Or ce prodige unique et inouï jusqu'alors est prouvé par un grand nombre de témoins oculaires et dignes de foi, par l'aveu de ses ennemis, par le témoignage de Dieu même. Il n'y a donc jamais eu d'événement mieux attesté, et la certitude que nous en avons est la plus grande qu'on puisse jamais avoir. Mais examinons un moment tous ces témoignages, et pesons-les.

Les premiers qui déposent en faveur de la résurrection de Jésus-Christ sont d'abord ses apôtres et ses disciples, témoins oculaires qui méritent toute croyance. Incrédules les premiers, ils traitent de vision et de folie les paroles des saintes femmes qui leur venaient dire : Le Seigneur est ressuscité. Un d'eux veut, pour croire, toucher les plaies sacrées de son Maître sorti du tombeau. Et ce ne sont pas seulement les onze apôtres qui témoignent de ce fait ; plus de cinq cents disciples en ont été témoins comme eux, et leurs sens, comme leur foi, l'attestent et le proclament.

Aucun intérêt ne les engageait à rendre ce témoignage. Les puissants de la terre, pour les contraindre à garder le silence sur la résurrection de Jésus-Christ, élevaient contre eux les échafauds, ouvraient les prisons, animaient la rage des bêtes féroces, le glaive des licteurs, la fureur populaire. L'insulte, les mauvais traitements, les mépris étaient les moindres de leurs souffrances, et sous les coups, sur l'échafaud, dans les arènes, devant la mort, ils répétaient avec cette constance que donne la conviction : Jésus-Christ est ressuscité. « Oh ! croyez-en, dit très-bien Pascal, croyez-en des témoins qui se font égorger ! »

Ce qui ne paraîtra pas moins décisif, c'est que le témoignage des ennemis mêmes de Jésus-Christ confirme la vérité de sa résurrection. Selon leur propre aveu, le corps de Jésus ne fut plus trouvé dans le tombeau le troisième jour après sa mort, et il est humainement impossible qu'il en ait été enlevé ; car pour qu'on l'ait pu faire, il faut supposer que tous les soldats de la garde que les chefs de la synagogue avaient mis eux-mêmes, et l'on peut s'imaginer qu'ils les avaient bien choisis, étaient, sans en excepter un seul, profondément endormis.

Quoi! de tous ces soldats placés autour du sépulcre, pas un ne s'est éveillé au bruit que dut faire en s'ébranlant une pierre aussi pesante que devait l'être celle qui fermait un tombeau taillé même dans un roc? Aucun des mouvements qui devaient résulter de l'enlèvement du corps n'a troublé leur sommeil. En vérité, les têtes incrédules sont étranges! elles refusent opiniâtrément de croire ce qu'on leur prouve avec évidence, et croient sans peine ce qui n'a pas la moindre ombre de vraisemblance. Quelle force d'esprit que celle qu'on ne montre que contre la raison!

Peut-on sensément s'imaginer que les apôtres, ces gens si timides qui ont tous pris la fuite et abandonné leur Maître avant sa mort, aient eu la hardiesse de venir enlever un corps si bien gardé? Etre forcé d'avoir recours au subterfuge le plus invraisemblable, au conte le plus puéril, en publiant comme l'ont fait les ennemis de Jésus-Christ, que ses disciples avaient fait cet enlèvement tandis que tous les gardes dormaient, n'est-ce pas un aveu tacite et une preuve bien forte qu'ils n'étaient que trop convaincus qu'il était sorti vivant du tombeau?

Dieu est par essence la vérité même; or il est impossible que Dieu, qui est la sagesse infinie, puisse jamais autoriser le mensonge et l'erreur. Or il l'aurait fait si Jésus-Christ n'était pas vraiment ressuscité, puisque les apôtres ont attesté et soutenu cette résurrection par une multitude de miracles éclatants qui ne peuvent être révoqués en doute que par ceux qui sont absolument décidés à nier ce qu'ils ne veulent pas croire.

Le monde entier dormait dans les ténèbres de l'idolâtrie; adorant les vices sous le nom de dieux, et honorant ces divinités infâmes par la pratique des plus honteuses passions, les hommes libres de suivre tous les désirs de leurs cœurs et de leurs sens, adonnés aux superstitions les plus ridicules, tenaient fortement à des religions qui flattaient tous leurs penchants. Un seul

peuple, perdu dans un petit coin du monde, gardait seul
la connaissance du vrai Dieu et attendait un libérateur.

Jésus-Christ sait quels ennemis il aura à combattre :
Les Gentils idolâtres, dont il vient condamner, abolir
les erreurs; les Juifs orgueilleux, qui rêvent un Messie
glorieux et triomphateur. Il le sait, et il s'avance : rien
ne l'arrête; il vient, faisant, humainement parlant,
tout ce qu'il fallait pour ne pas réussir. Né dans un coin
de la Judée, de parents pauvres et sans crédit, il demeure caché pendant trente ans. Il sort enfin de sa retraite pour commencer son grand ouvrage. Il appelle à
lui douze personnes, gens sans lettres, sans autorité,
sans éducation, sans bien, sans aucun talent pour la
parole, et qui n'avaient d'autre métier que la pêche.
Voilà les grands instruments qu'il destine à opérer une
si étonnante révolution dans le monde. Que fait-il pour
se les attacher? Il leur dit de le suivre, et ils le suivent
quoiqu'ils le voient pauvre et sans aucune distinction.
Non-seulement il ne les attire par aucune promesse humaine, mais il leur fait entendre clairement qu'ils n'ont
à espérer que des persécutions. « Ils vous chasseront des
synagogues, leur dit-il ; ils vous feront souffrir toutes
sortes de tourments et la mort même à cause de mon
nom. » Croit-on qu'une telle promesse fut bien enga-
geante? Cependant ces douze hommes s'attachent à lui
et le suivent partout jusqu'à sa mort.

C'est sur un gibet infâme que meurt le Maître des
apôtres. Timides et dispersés, ils paraissent abattus,
et leur espérance, comme son projet, semble ensevelie
avec lui dans le tombeau. Non : tout, il est vrai, semble
fini, et tout commence.

Ce même homme, dont le nom paraît exterminé de
de dessus la terre, va accomplir le grand œuvre de Dieu.
Il avait dit à ses apôtres que ce serait après sa mort
qu'il les enverrait prêcher partout son Evangile, établir
partout sa religion, et appeler toutes les nations à la

connaissance du vrai Dieu. Mais il leur avait promis en même temps de les revêtir de la vertu d'en haut, de leur donner une force et une sagesse à laquelle personne ne pourrait résister, d'opérer par eux les plus grands prodiges, de former par leurs travaux une société nombreuse de vrais adorateurs, et de conserver jusqu'à la fin des siècles cette société que l'enfer même, toujours conjuré contre elle, ne pourra jamais détruire.

Or, je le demande, ces promesses magnifiques ne se sont-elles pas réalisées? La croix à la main, les apôtres disent aux Juifs d'adorer comme Dieu celui qu'ils ont mis à mort comme un scélérat, et une multitude d'entre eux s'incline et adore. La croix à la main, les apôtres se partagent le monde. Ils disent à l'idolâtre de briser ses idoles d'argile, d'adorer un Dieu pur esprit qui ne peut tomber sous les sens : ils anathématisent leurs croyances, leurs vices, leurs plaisirs; à une vie de délices, ils opposent une vie crucifiée ; aux égarements de l'esprit et du cœur, une morale pure et sévère qui proscrit même une pensée coupable ; et on les croit ! et ces philosophes qui étonnaient le monde par leur sagesse embrassent la doctrine que leur prêchent des pauvres, des ignorants! Miracle incroyable, si l'histoire, en en consacrant le souvenir, ne nous eût conservé en même temps le récit des prodiges qui prouvent son authenticité.

Les miracles sont le sceau dont Dieu marque ses œuvres. Que fera donc l'impie? Avouera-t-il ses prodiges dont la notoriété est plus constante que celle des faits les plus certains de l'histoire profane? S'il les avoue, il confesse que la religion chrétienne a Dieu pour auteur. Osera-t-il contester la vérité de ces miracles ? Mais alors l'établissement de cette religion est à lui seul un miracle plus grand que tous les autres, car Dieu seul a pu changer ainsi la face de la terre et soumettre tant de peuples différents au joug d'une telle loi.

Selon les prophéties, toutes les nations ont été ébranlées. Elles ont brisé leurs idoles, renversé leurs temples, renoncé à toutes leurs superstitions, et sont devenues ce peuple saint qui a lutté contre les puissants du siècle et les a vaincus dans le combat. Pendant trois siècles les maîtres du monde se sont élevés contre la religion ; le sang des chrétiens coulait à grands flots, et selon la belle parole de Tertullien, ce sang des martyrs devenait la semence de nouveaux disciples de Jésus-Christ. Les bourreaux eux-mêmes, en frappant leurs victimes, s'écriaient : « Je suis chrétien ! » Et leurs corps sans vie tombaient au milieu des cadavres qu'ils venaient d'immoler. Est-ce là l'œuvre de la puissance humaine ? Non, non, le doigt de Dieu est là, et nulle secte ne peut offrir de parallèle sur ce point avec la religion chrétienne, glorieuse et fière de ses millions de martyrs, témoins augustes de sa divinité.

Une preuve non moins sensible et toujours subsistante de la vérité de notre sainte religion : c'est l'état du peuple juif et sa conservation miraculeuse depuis tant de siècles.

Les Juifs, dès les premiers temps, ont vu s'accomplir en eux cette terrible malédiction qu'ils avaient prononcée contre eux-mêmes, lorsqu'au tribunal de Pilate ils avaient osé s'écrier en maudissant Jésus-Christ : « Que son sang retombe sur nous et sur nos enfants ! » Ils ont vu, comme il leur avait été prédit, renverser, détruire de fond en comble, et sans qu'il y restât pierre sur pierre, les murs de Jérusalem et son temple célèbre, que Julien n'entreprit avec tant d'éclat de relever que pour vérifier plus parfaitement la prédiction de Jésus-Christ en voulant l'anéantir. Il excita les Juifs à rebâtir leur temple, il leur donna des sommes immenses et les aida de toutes les forces de l'empire. « Ecoutez, dit l'illustre évêque de Meaux, quel en fut l'événement, et voyez comme Dieu confond les princes superbes. Les saints Pères et les historiens ecclésiastiques le rapportent unanimement ; mais il fallait que la chose fût attestée par les païens mêmes. « Tandis qu'Alipius, dit Ammien Marcellin, officier et zélé défenseur de Julien l'Apostat, aidé du gouverneur de la province, pressait l'ouvrage avec le plus d'ardeur, d'affreux tourbillons de flammes sortirent des fondements par des éruptions fréquentes et brûlèrent une partie des travailleurs. Ceux qui recommencèrent l'ouvrage furent également consumés à diverses reprises ; et le lieu devint si inaccessible qu'il fallut abandonner l'entreprise. »

Les Juifs, ainsi frustrés de leur dernière espérance, ont vu continuer à s'exécuter en eux, avec plus de rigueur et moins de ressources que jamais, les menaces de leurs prophètes, qui leur avaient annoncé qu'ils seraient longtemps sans chef, sans patrie et sans temple, sans prêtres, sans sacrifices. Cette nation malheureuse, errant de peuple en peuple, conservant partout une existence précaire, et continuée néanmoins depuis si longtemps, porte dans toutes les parties du monde la preuve manifeste de son crime, et démontre à tout l'univers la divinité de Jésus qu'elle ose blasphémer.

L'univers a changé de face, les nations mêlées et confondues ne connaissent plus leur origine. Tous les peuples sont tour à tour tombés dans la poussière des siècles. Le peuple juif, seul debout, vit au milieu de ces nations qui ignorent leurs pères. Les fils d'Israël, rebuts des autres hommes, sont repoussés, méprisés de tous, et au milieu de ces humiliantes épreuves, malgré le mépris et la haine générale des nations qui les ont en leur pouvoir, malgré tous les obstacles humains, ils subsistent encore. Semblable à un grand fleuve divisé en une infinité de petits ruisseaux, on les voit traverser la vaste et profonde mer des nations et des siècles sans avoir jamais, depuis dix-huit cents ans, ni interrompu leur cours, ni mêlé leurs eaux avec celles de cet immense abîme. Par quel prodige un peuple, séparé en

une infinité de familles particulières, s'est-il donc conservé sans avoir aucun des moyens qui tiennent les
autres peuples unis? Comment, n'étant répandu parmi
les nations que comme une poudre légère, a-t-il sur-
vécu à leur anéantissement, conservant avec lui les
livres sacrés qui le condamnent, et nous les montrant
entourés de toute sa vénération ?

Les livres saints, dont on ne peut révoquer en doute
l'authenticité, nous conduisent naturellement au Nouveau Testament, leur complément et leur fin.

Là encore se trouve consignée la divinité de la religion chrétienne; et il est aussi impossible de nier la
vérité des nouvelles Ecritures que de douter de celle des
livres gardés par le peuple juif.

Les livres qui composent le Nouveau Testament sont
l'ouvrage de huit auteurs contemporains. Les uns ont
vu, les autres ont entendu raconter par des témoins occu-
laires les faits qu'ils rapportent. Quelle autre histoire eut
autant de garants, et des garants aussi authentiques ?

Une multitude de peuples divers ont reçu ces écrits et
les ont traduits dans leur langue aussitôt qu'ils ont été
composés. Tous s'accordent à leur donner les mêmes
auteurs. Aucun païen, pas même Julien l'Apostat, n'a
osé dire que ces livres saints fussent supposés ; des millions d'hommes ont embrassé la doctrine renfermée dans
ces livres, au moment même où ils eussent pu facilement découvrir l'erreur si elle s'y était montrée ; ils les
ont adoptés unanimement, sans que la diversité des intérêts ni celle des caractères aient porté un seul d'entre
eux à penser ni à dire que ces livres sacrés étaient l'œuvre de la fraude et de l'imposture.

Ils n'ont pas non plus été falsifiés. Tels ils sont sortis des mains de leurs auteurs, tels ils sont venus jusqu'à nous. Œuvre de l'Esprit-Saint, y ajouter ou y retran-
cher un seul mot eût été considéré par l'Eglise comme
un sacrilége. Les copies de l'Evangile étaient entre les

mains de tous les fidèles ; c'était la lecture des familles comme des assemblées publiques ; on les savait par cœur, et si une main profane eût osé y porter la moindre atteinte, il se serait élevé mille voix pour réclamer.

Les auteurs de ces livres sacrés n'ont pu être trompés sur les faits qu'ils rapportent, puisqu'ils les ont vus eux-mêmes ; et ils n'avaient aucun intérêt à vouloir nous tromper, puisque pour témoigner de ces faits ils ont donné jusqu'à leur vie, et que leur sang a scellé leur parole et leurs écrits.

Qu'un homme obstiné puisse donner sa vie pour un sentiment faux qu'il croit vrai : la conscience alors, quoique dans les ténèbres, tient lieu de vérité et de lumières. Mais que des séducteurs, sans intérêt et sans motif, ou par la seule satisfaction de faire prévaloir l'imposture, affrontent tout à la fois la rigueur des tourments, les horreurs du trépas, le cri de la conscience, les menaces de Dieu, et cela sans rien espérer de leur folle obstination, avec la certitude même d'en être les victimes : c'est une espèce de délire qui est contre la nature et dont il n'y a pas d'exemples dans l'histoire. Or les apôtres ont tous offert ou sacrifié leur vie pour attester des faits publics, éclatants, qui ne laissaient aucun lieu à la méprise, tels que la multiplication miraculeuse des pains dans le désert, la résurrection publique de trois morts, celle de Jésus-Christ lui-même, et son ascension triomphante à la vue d'un grand nombre de disciples. Tous ces faits sont donc indubitables, et prouvent en même temps la divinité du fondateur de la religion chrétienne elle-même.

Aussi, ce qui fait la tranquillité et la joie de tous les véritables chrétiens, c'est d'être assurés qu'ils n'ont rien à craindre pour la vérité de leur religion, parce que, si elle était fausse, ce serait Dieu lui-même qui les aurait trompés.

Laissons donc les impies et les incrédules chercher

à se tromper eux-mêmes ou à séduire les autres par les difficultés qu'ils forment contre la religion. S'il y en a quelques-unes qui paraissent assez spécieuses, on ne doit pas pour cela se laisser ébranler. « Quand une vérité est une fois établie par des preuves solides, il ne faut pas l'abandonner pour quelques difficultés qu'on y oppose. »

Ce principe excellent, qui peut servir de préservatif général contre toutes les objections, est si constant et si certain qu'il est avoué même par J.-J. Rousseau. « Les objections, dit-il, sont communes à tous les systèmes ; et il n'y a point de vérité si clairement énoncée où l'on ne puisse trouver quelque chicane à faire ; et quand Dieu parlerait lui-même dans nos langues, il n'y aurait rien sur quoi l'on ne puisse disputer. »

Il est donc démontré, par les preuves les plus capables de convaincre tout esprit droit, que Dieu même est l'auteur de la religion chrétienne. Méprisons donc ces stupides objections dictées par le libertinage ou la mauvaise foi, et répétons avec un poëte chrétien :

Vainement on t'outrage, ô religion sainte !
   En vain, conjuré contre toi,
L'incrédule, bravant les remords et la crainte,
   Veut briser tes autels, anéantir ta loi :

   Le Tout-Puissant, qui te protége,
Les laisse s'épuiser en efforts superflus ;
De son souffle il détruit leur troupe sacrilége :
   Ils éclatent.... et ne sont plus.

CHAPITRE V

Rien de plus commun aujourd'hui que d'entendre dire : *A la religion près, c'est un fort honnête homme.* C'est-à-dire qu'il manque à cet *honnête homme* ce qui constitue le devoir le plus essentiel de l'homme, connaître et servir Dieu. C'est-à-dire qu'il lui manque le seul principe qui puisse donner à la probité des fondements inébranlables.

Qui peut-on justement honorer du nom glorieux d'honnête homme? C'est sans doute celui qui ne fait tort à personne, et qui est si inviolablement attaché à toutes les lois de l'honneur et de la probité, que rien ne saurait l'engager à y donner la moindre atteinte. On peut compter sur sa discrétion, sur sa droiture. On ne craindra de lui ni trahisons, ni fourberies, ni finesses captieuses, ni sourdes intrigues. Il servira sincèrement les autres, et ne fera point ses affaires à leurs dépens. Il ne connaît ni les voies détournées, ni les déguisements perfides, ni les dehors imposteurs.

Mais la religion seule peut former ce dehors de la probité. Sans elle, cette vertu tout humaine s'écroulera au premier choc un peu violent, et entraînera le prétendu honnête homme avec elle. Dans combien de circonstances

critiques, de rencontres délicates, de positions embar-
rassantes sa faible vertu ne sera-t-elle pas renversée,
si elle n'est étayée de la religion! Comment pourra-
t-elle résister seule à mille attaques qu'elle aura à soutenir dans le détail ordinaire de la vie, et encore plus
dans certains états, dans certaines conditions? Un magistrat, partout ailleurs ami tendre, fidèle, complaisant,
doit, dans les tribunaux, oser prononcer même contre
ce qu'il aime, et imposer silence à son cœur, pour
n'entendre et ne faire parler que la justice. Un négociant,
un homme de finances doivent résister à l'attrait que
leur offre le moment décisif d'une fortune rapide, avec
l'espérance encore plus séduisante de dérober aux regards publics le mystère de leur subite opulence. Dans ce
combat des devoirs et des désirs, qui est-ce qui sou-
tiendra l'homme fragile sur le bord du précipice? Quels
motifs assez puissants pour accomplir avec fidélité tout
ce qu'ordonne la probité la plus sévère, aura celui qui
a secoué le joug de la religion?

Sera-ce l'intérêt personnel? Mais il est le père des
bassesses et des crimes. C'est lui qui tous les jours excite
l'homme à tromper son semblable, à hâter sa ruine ou
à s'en faire un marchepied pour s'élever. La calomnie,
la ruse, la fraude ne sont-elles pas enfantées par l'intérêt personnel? Si parfois il garde quelques dehors,
pour ne pas risquer réputation ou fortune, quand l'une
et l'autre n'ont rien à craindre, il marche à pas de géant
dans la voie du mal, parce que sa conscience qui a rejeté
Dieu ne lui crie pas : Arrête : après tout le jugement!

Que la faveur offre ses biens à cet honnête homme
sans religion; que les jouissances du luxe, que les séductions du plaisir brillent à ses regards; que les attraits de
la volupté le fascinent, et qu'il n'ait qu'à employer un
peu de mauvaise foi pour atteindre à la fortune, un peu
de duplicité pour séduire l'innocence, un peu d'hypo-
crisie pour se ménager un protecteur puissant, et

qu'alors l'honneur et la probité viennent lui dire : Ne fais point ce pas : leurs voix seront trop faibles pour être entendues. Celle de la religion serait seule assez puissante, et il ne la connaît pas.

Personne, pas même ceux qui prônent le plus haut la probité tout humaine, ne voudrait que son sort, son honneur, sa fortune fussent au pouvoir d'un homme sans religion. « Je ne voudrais pas, dit prudemment l'oracle des nouveaux philosophes, avoir affaire à aucun prince athée qui trouverait son intérêt à me faire piler dans un mortier : je suis bien sûr que je serais pilé. Je ne voudrais pas, si j'étais souverain, avoir affaire à des courtisans athées dont l'intérêt serait de m'empoisonner : il me faudrait prendre du contre-poison tous les jours. »

De l'aveu des ennemis mêmes de notre religion sainte, c'est donc seulement sous ses auspices et dans son sein que peut se former cette probité à toute épreuve qui ne s'écarte jamais du chemin de l'honneur, parce qu'elle sait que toujours, même au sein des ténèbres, elle agit sous le regard de Dieu son maître et son juge. Les annales chrétiennes sont remplies de traits qui l'attestent.

Dagobert Ier, roi de France, ayant donné à saint Eloi une belle maison dans Paris, celui-ci la convertit en un monastère de religieuses. Il ne lui manquait qu'une petite place qui appartenait au roi. Il la fit mesurer pour savoir au juste ce qu'elle avait d'étendue, et fut la demander ensuite à Dagobert. Il n'eut pas de peine à l'obtenir ; mais s'étant depuis aperçu qu'il y avait eu de l'erreur dans le mesurage, et qu'il se trouvait un pied de plus qu'il n'en avait déclaré au prince, il en fut si affligé qu'il fit cesser l'ouvrage à l'heure même, et courut au palais lui en demander pardon. Le roi, fort surpris d'une si grande délicatesse de conscience, dit aux seigneurs de sa cour et aux autres personnes qui étaient présentes : « Voyez quelle est la fidélité de ceux qui sont à Jésus-Christ. Mes gouverneurs et mes officiers ne se font guère scrupule de m'enlever des terres et des seigneuries entières, et ce serviteur de Dieu que vous voyez n'a osé nous cacher un pouce de terre au delà de ce que nous lui avons donné. » Dagobert voulut en même temps récompenser une si grande probité; car il augmenta du double la donation qu'il lui avait faite, et le fit dans la suite son trésorier.

Saint Louis, roi de France, prisonnier des Sarrasins, traita avec eux de sa rançon et de celle de ses principaux officiers. Ses ennemis s'étaient trompés de six mille livres, et on voulait profiter de ce mécompte en sa faveur; mais le saint roi s'y opposa formellement, et fit tout payer avant de partir.

Quel avantage inestimable pour la société, si tous les hommes étaient aussi fidèles aux lois de la probité que le sont les chrétiens dont la religion nous a conservé les pieux exemples! O pourquoi donc chercher à éteindre l'étincelle sacrée qu'elle vivifie encore au fond de quelques âmes dociles à ses lois? Quel démon inspire aux ennemis de cette religion sainte la volonté perverse d'ôter à ceux qui croient les vertus qui découlent de leur foi? Les malheureux! ils trouvent pourtant la vertu belle et séduisante, puisqu'ils empruntent ses dehors pour cacher leurs vices!

Demeurons donc fidèles à cette divine religion qui seule peut donner une probité solide et inébranlable; évitons avec soin la société de ces hommes qui, doutant de tout, sèment autour d'eux des doctrines de mort. « Malheur, dit le célèbre Massillon, malheur aux maisons, aux familles qui donnent accès chez elles aux esprits forts! Elles deviennent des écoles où les maximes du libertinage sont enseignées. L'épouse regarde bientôt la félicité d'un lien sacré comme un vain scrupule que la tyrannie des hommes sur son sexe a établi. L'époux se persuade que son goût doit décider de son devoir.

L'enfant se croit autorisé à secouer l'autorité paternelle.
Le père croit que laisser agir les penchants de la nature,
c'est toute l'éducation qu'il doit donner à ses enfants.
Quelle paix et quelle union peut-il y avoir dans un lieu
où le libertinage seul et le mépris de tout joug lient
ceux qui l'habitent? Quel chaos, quel théâtre d'horreur
et de confusion deviendrait la société générale des
hommes, si les maximes de l'impiété prévalaient parmi
eux !

Je le sais, ces maximes sont parfois éblouissantes ; un
vernis brillant les couvre, un style séducteur y jette
quelques charmes. Mais où est le fond? où est l'unité ?
Que jettent-elles à l'homme! Le doute. Que lui offrent-
elles pour consolation et pour refuge? Le néant.

Oh! que je préfère cette religion sainte qui m'apprend
que, sorti des mains de Dieu, c'est à Dieu que je retourne ! Quelle noblesse dans mon origine ! quelle grandeur dans ma fin ! Elle me dit : « Crois à mes mystères.»
Mais elle est appuyée sur Dieu même, et c'est lui qui
me parle par sa voix. Il est plus glorieux pour moi de
courber ma raison sous la parole de Dieu que de m'a-
baisser à croire celle des hommes.

Et quels hommes que ceux qui prêchent l'incroyance
et l'irréligion? Sensuels et dépravés, il ne rejettent la loi
divine que pour suivre leurs penchants honteux. Divisés
entre eux, ils n'ont pas un système qui se ressemble.
L'athée, le matérialiste ne peuvent persuader à leur
esprit la croyance de leur cœur. Le pyrrhonien, qui
doute de tout, peut bien certainement douter de la vérité de son système, qu'il dément lui-même à chaque
instant. Le déiste, qui n'admet que la religion naturelle,
se trouve combattu par le tolérant, qui les admet toutes.
Mais prétendre avec ce dernier que tous les cultes sont
indifférents, et qu'il suffit d'en observer un, quel qu'il
soit, n'est-ce pas une absurdité révoltante? Il y a eu,
il y a encore aujourd'hui des religions insensées dans

leurs dogmes, impies dans leurs rits, barbares dans leurs sacrifices. Qui peut dire sérieusement que Dieu les accepte? S'il est la sagesse et la sainteté même, peut-il approuver des cultes que la raison et la vertu condamnent, autoriser des religions qui, étant évidemment opposées, ne sauraient être toutes également vraies? La lumière peut-elle s'allier avec les ténèbres, et la vérité avec le mensonge? Les inconséquences du tolérant ne sont donc pas moins opposées à la raison que la folie du pyrrhonien et l'aveuglement de l'athée.

Dans les oracles de Dieu, on reconnaît le caractère majestueux d'une suprême intelligence. Dans ceux de l'impiété, on ne découvre qu'un amas bizarre d'idées choquantes pour la raison, de décisions hardies, de conjectures arbitraires, données comme seules et uniques preuves. Ils sont donc des séducteurs de nous donner comme certaines leurs conceptions chimériques, et leurs disciples sont bien imprudents de les croire si facilement dans une affaire où il est si essentiel de ne pas se tromper.

Muncer, chef des anabaptistes, avait, par ses discours séditieux, soulevé un grand nombre de paysans en Allemagne. Les rebelles furent taillés en pièces, et leur chef fut pris. Comme on lui reprochait d'avoir entraîné tant de malheureux dans l'erreur, « Pourquoi me croyaient-ils? » répondit-il en riant.

Oh! pourquoi, en effet, tant d'esprits d'ailleurs justes et droits se laissaient-ils séduire par les brillantes doctrines de l'impie? Hélas! où aboutiront ces rêves de l'orgueil ou du libertinage? A une mort affreuse, prélude d'une éternité plus horrible encore. A ce moment suprême, les passions de l'impie se taisent, elles s'éteignent avec ses jours, leurs charmes disparaissent dans la nuit et les horreurs du tombeau ; la religion reprend son autorité à mesure que ces passions perdent de leur empire, et les décisions de l'esprit changent, parce que celles du cœur ont changé.

Un grand exemple nous en est donné par un fameux impie, Boulanger, détracteur furieux de la religion. A la mort, il a vu la lumière, dont les nuages des passions lui avaient dérobé l'éclat. Il a fermé sa porte à ceux qui l'avaient séduit. Il a demandé et reçu les derniers sacrements. Pendant sa maladie, il a fait un aveu bien honorable pour la religion : il a protesté qu'il l'avait toujours respectée dans son cœur; qu'en écrivant contre elle, il avait étouffé la voix de sa conscience; qu'il s'était laissé entraîner par la fougue de son imagination, et par les éloges et les applaudissements des philosophes.

Mais tous n'ont pas le même bonheur. On lit, dans le *Socrate chrétien* de Balzac, qu'un prince d'Allemagne, grand mathématicien, étant à l'article de la mort, le ministre de la religion l'exhorta à faire sa profession de foi. Le prince lui répondit en souriant : « Monsieur, j'ai bien du plaisir de pouvoir vous donner la satisfaction que vous désirez de moi. Vous voyez que je ne suis pas en état de faire de longs discours. Je vous dirai seulement, en peu de mots, que deux et deux font quatre, et que quatre et quatre font huit. Monsieur un tel (montrant un mathématicien qui était là présent) pourra vous éclaircir des autres points de notre croyance ! »

Quelle monstrueuse insensibilité ou quelle aveugle ostentation ! Un homme mourir dans ces sentiments, faire gloire, en mourant, de croire les vérités mathématiques, et de n'avoir que cette croyance! Ce que nous disons ici des impies, nous le disons aussi des hérétiques. Nés tous dans la religion de Jésus-Christ, les hérésiarques ont déchiré le sein de leur mère, ils l'ont combattue sans relâche; mais, comme son divin Fondateur a dit : « Les portes de l'enfer ne prévaudront point contre elle, » triomphante toujours, elle les a terrassés et leurs erreurs avec eux.

Quelle consolation pour les vrais fidèles, et quelle conviction de la vérité, de voir la religion chrétienne et catholique, depuis dix-huit siècles victorieuse de toutes les erreurs et demeurant toujours la même, se conserver un grand nombre de sectateurs dans les pays qui l'ont abandonnée, et regagner avec avantage, dans de nouvelles contrées, ce que dans d'autres l'esprit d'erreur et de schisme lui a fait perdre! Le malheur est pour ceux qui la quittent bien plus encore que pour elle. Les branches sèches qui tombent d'un grand arbre ne l'empêchent pas de s'élever avec les autres vers le ciel.

Ce caractère de permanence et d'indestructibilité, unique et propre à notre religion, n'est-il pas un miracle toujours subsistant en faveur de ceux qui n'ont pu être les témoins des miracles sans nombre que le bras du Tout-Puissant a opérés aux yeux de l'univers pour la fonder et l'étendre, une démonstration accablante contre toutes les sectes qui tombent aux pieds de cette Église triomphante dont elles se sont détachées ?

Plus d'une fois les sectaires eux-mêmes ont confessé la divinité de notre sainte religion et proclamé l'inévitable but de leurs doctrines. On a entendu à Strasbourg deux ministres luthériens, qui revenaient d'assister un de leurs malades à la mort, se dire l'un à l'autre : « Voilà encore une personne que nous venons d'envoyer en enfer. »

Le trait qui suit est peut-être encore plus frappant. Un ministre calviniste, qui était lui-même près de mourir, envoya sa servante chercher un prêtre catholique. Elle rencontre dans la rue un officier qui lui demande comment va le malade. Elle lui répond qu'il est à l'article de la mort, et qu'il l'a envoyé chercher un prêtre catholique. Il la força de rentrer chez son maître, en disant : « Puisqu'il a envoyé les autres au diable, qu'il y aille aussi lui-même. »

La princesse Elisabeth Christine de Wolffenbutel, près d'épouser l'archiduc Charles d'Autriche, qui fut depuis l'empereur Charles VI, crut devoir, pour la tranquillité de sa conscience, consulter les luthériens mêmes. Les docteurs protestants, assemblés à Helmstad, répondirent que les catholiques ne sont point dans l'erreur pour le fond de la doctrine, et qu'on peut se sauver dans leur religion. La princesse embrassa la religion catholique romaine. Le duc son père en fit de même, disant que le parti le plus sûr, dans une matière si importante, serait toujours le parti le plus sage.

Ce témoignage était sans doute bien décisif, et il est glorieux à la religion de Jésus-Christ. Mille et mille autres pourraient y être joints; mais nous en avons dit assez pour convaincre tout esprit droit et raisonnable, assez pour attacher de plus en plus tout cœur honnête et bon à la religion chrétienne, fille du ciel et mère des vertus.

CHAPITRE VI

Bon père , bon époux, bon maître sans faiblesse ,
Honorez vos parents surtout dans leur vieillesse.

Que cette maxime dit de choses , et quel vaste champ
elle ouvre à l'instruction! Les devoirs d'un père , d'un
époux , d'un fils, d'un maître sont immenses, et il serait
impossible d'épuiser cette matière dans un ouvrage tel
que celui-ci. Mais pour le rendre utile à tous , en nous
bornant à l'essentiel, nous parlerons aussi aux mères,
aux épouses , aux maîtresses de maison. Les vertus que
leur prescrivent ces titres sacrés, sont aux mœurs et au
bonheur de la société ce qu'est une rosée bienfaisante
à la terre desséchée , ce que sont aux fleurs leurs couleurs et leurs parfums.

Bon père. On l'a déjà dit souvent avant nous, mais
nous devons ici le répéter : un père doit à ses enfants
la nourriture, l'instruction et l'exemple; il leur doit
encore l'établissement, lorsque le temps en est venu.
S'il dissipe leur fortune, c'est un vol; s'il les scandalise,
c'est un parricide; s'il néglige leur éducation, c'est une
conduite insensée qui causera son malheur et celui de
sa famille. Souvent , pour leur amasser plus de bien ,
on épargne sur leur éducation; et le tort qu'on leur fait
par là est beaucoup plus grand que tout le bien qu'on

peut leur faire par les avantages de la fortune.

Un des premiers soins qu'on doit apporter à l'éducation, c'est le développement de la raison et la correction de ces détails qui, légers en apparence, deviennent des vices quand ils ont pris leur accroissement. Le langage de la raison, proportionné à l'âge, est toujours compris. Si votre enfant vous fait une question, répondez-lui d'une manière claire et toujours raisonnable ; gardez-vous de chercher à l'amuser par des contes absurdes et ridicules, comme aussi d'applaudir aux petites absurdités qu'il peut dire lui-même.

En même temps que vous développerez en lui les germes de la raison, cultivez aussi avec soin ceux de la morale. Les enfants ont tous dans leurs jeunes cœurs les premiers principes du bien ; donnez à cette fleur précieuse vos soins les plus assidus, et vous la verrez croître, grandir et produire plus tard des fruits délicieux.

Apprenez-lui de bonne heure à aimer Dieu, l'âme de son âme, pour ainsi dire. Servez-vous, pour diriger le cœur de votre enfant vers son Créateur, de tout ce qui vous entoure. Un jouet préféré, une fleur dont il admire la beauté, en les lui présentant comme un bienfait de Dieu, serviront à lui inspirer l'amour de ce souverain Bienfaiteur qui a tout fait pour le bonheur et même pour le plaisir de ses créatures.

Mères, c'est vous surtout que cette mission sublime regarde. Apôtres de l'amour divin, puisez dans votre tendresse maternelle le souffle qui doit allumer dans le cœur de votre enfant l'amour et la reconnaissance envers l'Auteur de tous biens.

Corrigez dans votre enfant tous ses défauts ; il n'en est pas qui ne soient pour lui une source de peines pour l'avenir. Si vous voulez couper la racine de ses imperfections, accoutumez-le de bonne heure à la docilité. Ne cédez à aucun de ses caprices ; il deviendrait votre tyran, et vous ne seriez plus son père, mais son esclave.

C'est un tendre arbrisseau que vous pouvez plier à votre gré; plus tard, il rompra tous vos efforts.

Juste dans les punitions comme dans les récompenses, n'infligez celles-là, ne donnez celles-ci qu'à propos. Si vous promettez l'une ou l'autre, tenez la parole que vous aurez une fois donnée. Ne punissez jamais votre enfant dans le mouvement de la colère que vous cause sa faute, ni tandis que lui-même est en proie à cette passion ou à un aveugle entêtement. Dans le premier cas, l'enfant attribuera votre correction à l'humeur et non à la justice ; dans le second, comme il n'a pas l'esprit assez libre pour avouer ou même comprendre sa faute, vous l'exposez à en commettre de plus graves.

Que les mères surtout se défient de leur tendresse trop souvent aveugle. Leur cœur souffrira des larmes que leur fermeté fera répandre à leurs enfants; mais ces pleurs, que sèche si vite un sourire, qu'elles y pensent bien, un jour seraient bien plus amers, si une pieuse fermeté ne mettait dès l'enfance une digue au torrent des passions.

Ne faites, ne dites devant vos enfants rien qu'ils ne puissent voir et entendre. Respectez leur innocence, et ne souffrez pas que personne y porte atteinte. Anges de la terre, veillez avec amour sur ce précieux trésor, et couvrez d'un voile épais tout ce qui pourrait souiller leurs regards, leurs oreilles ou leur cœurs. On se plaint de la perversité de la jeunesse; elle est à son comble, c'est vrai. Mais, hélas! que de parents gémissent aujourd'hui sur les vices de leurs enfants pour n'avoir pas su garder et faire garder devant eux les règles d'une sainte prudence. Un mot, une action mauvaise, et la mort est entrée dans leur âme, et le vice a flétri leur cœur !

Après l'éducation et le bon exemple, un des devoirs paternels est, pour les enfants, le choix d'un état de vie. L'ambition, une préférence coupable ne doivent entrer pour rien dans cette action qui décide de toute la vie.

Consultez Dieu, prenez l'avis de personnes sages et vertueuses, et ensuite conseillez à vos enfants telle ou telle vocation d'après leurs inclinations naturelles. Dirigez ces inclinations, mais ne les forcez jamais. Dieu vous a donné son autorité; servez-vous-en avec amour, jamais avec tyrannie.

Dans le mariage surtout, pas de ces spéculations d'intérêt qui bouleversent tant de destinées, font tant et de si tristes victimes, et n'ont souvent pour fruit que la honte et le déshonneur.

Soyez bon, indulgent, même pour les faiblesses ; soyez sévère et impitoyable pour les vices, et tant que vos enfants seront soumis à votre autorité, employez les moyens les plus rigoureux pour les extirper et les anéantir.

Enfin ne vous mettez jamais sous la conduite de ceux que vous devez conduire. En disposant trop tôt de vos biens, vous pourriez rendre mauvais et ingrats ceux qui doivent être pour vous bons, attentifs et reconnaissants.

Qu'ils dépendent toujours de votre bonté ; mais ne dépendez jamais de leur injustice. Les bienfaits précipités d'un père trop tendre lui ferment le cœur de ses enfants, et la fin de ses dons est ordinairement celle de leur reconnaissance et de leur amour. Quand ses mains sont vides, son visage leur devient odieux.

Bon époux. Rien n'est plus commun que d'entendre les hommes se plaindre du petit nombre de bonnes épouses, et celles-ci du petit nombre de bons maris. Cette plainte est trop générale pour n'être pas fondée ; et il serait peut-être assez difficile de décider auquel des deux sexes on doit le plus en attribuer la cause. Mais, malgré le sort général, on voit néanmoins encore quelques heureux mariages, où l'on se prévient réciproquement sur tout ce qui peut et doit faire plaisir. Voulez-vous goûter et conserver le bonheur dans un état où il

est si rare? Ayez toujours l'un pour l'autre la considération, les attentions et les égards que vous aviez avant
le mariage ; redoublez-les même, s'il est possible : il est
plus difficile d'entretenir l'amour que de le faire naître.

Une femme jalouse de conserver la tendresse de son
époux prendra, pour s'assurer son cœur, les mêmes
soins qu'elle a pris pour le gagner. Elle prend soin de
sa parure, mais selon son état et uniquement pour lui
plaire; car, si une femme ne s'habille avec goût que
lorsqu'elle veut se montrer en public, si elle ne se fait
voir à son époux que dans ces négligés outrés qui décè-
lent l'indifférence de plaire, rien ne pourra l'empêcher
de croire que sa femme cherche plus à s'attirer l'attention et les regards des autres hommes que les siens. A
la fin, il la méprisera et s'attachera peut-être à d'autres
femmes, qui lui plairont davantage, parce qu'elles s'ap-
pliqueront plus à lui plaire.

Puisque l'Auteur de la nature, pour réparer les
désordres du péché et pour établir la meilleure sorte de
gouvernement dans les familles, a sagement voulu que
l'homme en fût le chef, et que le sexe le plus léger, le
plus faible et le plus fragile fût soumis à l'autre, il ne
reste aux femmes qu'un moyen légitime de partager
l'autorité avec leurs époux, de l'avoir même presque
tout entière : c'est la soumission, la complaisance et la
douceur. Une femme qui tâche de ne se plaire qu'à ce
que son mari veut et commande, le met bientôt en état
de n'oser et de ne pouvoir rien commander que ce qui
plaît à cette femme. « La femme, dit Rousseau, doit
régner dans la maison comme un ministre dans l'Etat,
en se faisant commander ce qu'il veut faire. » En ce
sens, il est constant que les meilleurs ménages sont ceux
où la femme a le plus d'autorité. Mais quand elle mé-
connaît la voix du chef, qu'elle veut usurper ses droits
et commander elle-même, il ne résulte jamais de ce
désordre que misère, scandale et déshonneur.

C'est là, en effet, comme nous l'avons déjà dit, une des sources les plus ordinaires de ces divisions qui troublent si souvent l'harmonie des familles ; c'est là ce qui a fait dans tous les temps et ce qui fera toujours tant de mauvais mariages. Une dame vertueuse fut priée par une autre dame de lui apprendre quel secret elle avait pour conserver toujours les grâces de son mari : « C'est, répondit-elle, en faisant tout ce qui lui plaît et en souffrant patiemment tout ce qu'il fait, quoiqu'il ne me plaise pas. »

Mais vous à qui Dieu a donné ce pouvoir sur la compagne de votre vie, n'en abusez point. L'homme est le maître et non le tyran de sa femme. Plaisez-vous donc à tout ce qui plaît à la vôtre, mais gouvernez-la si sagement que rien ne lui plaise que son devoir. Ayez toujours sur elle l'autorité qui vous appartient ; mais joignez-y tant d'amour et tant de bonté, qu'elle ait plus de plaisir à obéir que vous n'en aurez à commander. Que rien ne ressente la domination. Ce respect, cette soumission qu'elle vous doit, mais qu'elle serait peut-être disposée à vous refuser si vous les exigiez, ne lui coûteront rien, parce qu'ils seront volontaires. Il lui semblera que c'est un présent qu'elle vous fait, et l'on est flatté de pouvoir donner.

Il faut en convenir : de nos jours, les unions où se trouvent de part et d'autre le dévouement et l'affection sont bien rares. On n'a jamais vu tant de mauvais mariages que depuis qu'on est devenu plus attentif à la dot qu'à l'honneur. Une société indissoluble n'a souvent pour tout lien que l'intérêt ; mais l'ouvrage des passions ne saurait être durable, elles désunissent bientôt ce qu'elles ont si mal lié. De là tant de divorces scandaleux, et tant de grandes maisons qui périssent et s'éteignent par l'état qui était destiné à les soutenir et à les perpétuer.

Ne vous mariez pas pour avoir du bien : c'est épouser

la dot et non la personne ; c'est un trafic et non un mariage. Préférez toujours de vous allier avec de parfaitement honnêtes gens, chez qui la probité fut en tout temps héréditaire et sans tache. Quelqu'un demandait à Thémistocle à qui il donnerait plus volontiers sa fille, ou à un homme de probité mais de peu de bien, ou à un homme qui n'aurait d'autre mérite que d'être riche : « J'aime mieux, répondit-il, un homme sans argent que l'argent sans homme. »

Si vous voulez que votre choix ne soit point une folie, ne le faites jamais que de concert avec vos parents ; consultez des personnes prudentes, et surtout demandez au Seigneur qu'il daigne vous éclairer et vous montrer lui-même celle qu'il vous a destinée. Les femmes vertueuses et sages ne sont point si rares qu'on le pense : la rareté et la difficulté sont de les bien connaître et de les distinguer d'avec les autres. Quand vous êtes en âge d'en chercher une, ne vous fiez pas à votre prudence ; vous n'aurez jamais seul assez de lumières pour juger de celle qui vous est propre : l'amour aveugle souvent et égare les plus sages ; mais vous pouvez avoir assez de piété et de sagesse pour la mériter, en priant Dieu qu'il vous la donne. « La femme vertueuse est un excellent partage : c'est celui de ceux qui craignent Dieu, et elle sera donnée à un homme pour ses bonnes actions. Qu'ils soient riches ou pauvres, ils auront le cœur content, et la joie sera en tout temps sur leur visage. »

Bon maître. Vous devez trois choses à vos domestiques, selon le Sage : la nourriture, le travail et l'instruction. Ils usent à votre service leur jeunesse et leurs forces. C'est à vous de veiller à ce que ces forces qui vous sont consacrées soient réparées chaque jour par une nourriture saine et abondante. Agir autrement serait se rendre coupable d'homicide.

Ayez soin aussi que vos serviteurs aient du travail selon leurs forces. Ne prenez personne pour vous servir si vous ne pouvez occuper tout son temps, et rappelez-vous qu'une heure d'oisiveté sera bientôt assez longue pour donner au serviteur qui ne fait rien la volonté de ne plus rien faire, et qu'un maître qui nourrit un paresseux est bien près de nourrir un traître et un ennemi.

Ayez soin que vos domestiques soient instruits de leur religion et en remplissent les devoirs; vous en êtes spécialement chargés et vous en répondrez devant Dieu.

Les bons domestiques sont bien rares, c'est vrai; mais en général, avec de la douceur, de la bonté, de la patience, on rend les hommes à peu près ce que l'on doit désirer qu'ils soient. Soyez bon maître, vous en serez mieux servi. Avec un maître sévère et sans bonté, on remplit ses devoirs, mais on les remplit sèchement, sans zèle et sans affection. Comme on ne reste chez lui que par nécessité et pour en sortir le plus tôt qu'on pourra, on ne fait rigoureusement que ce qu'on doit, et le maître y perd toujours, parce qu'il est rare qu'on fasse assez ou qu'on fasse assez bien. Un maître querelleur et difficile à servir prescrivait à son valet tout ce qu'il devait faire pendant la journée : « Tu ne feras, lui dit-il, précisément que cela; tu n'en omettras rien; sinon, je t'étrillerai d'importance. » Ce maître entreprit un voyage; il avait un cheval vif qu'il voulait gourmander comme son domestique, mais qui, se jouant de lui, le jeta dans un fossé fort profond. Le maître appela son valet à son secours. « Monsieur, lui dit le valet, vous ne m'avez pas donné ce matin cet ordre-là; ainsi tirez-vous d'affaire. » Après cela, il le laisse et s'enfuit à toute bride.

N'injuriez point et ne maltraitez jamais vos domestiques. « Ne soyez pas, dit l'Ecclésiastique, comme un lion dans votre maison, en vous rendant terrible à vos serviteurs et en maltraitant ceux qui vous sont soumis. » Ne les menacez pas, comme font tant de maîtres hautains, de les mettre à la porte. Rien ne les révolte davantage et ne leur fait perdre plus sûrement l'affection qu'ils pouvaient avoir pour votre service. S'ils ne vous conviennent pas, ou dès que vous reconnaissez qu'ils sont incorrigibles, renvoyez-les sans hésiter, et croyez qu'il vaut mieux vous en défaire un mois plus tôt que d'avoir tout ce mois des impatiences.

Mais si vous les jugez capables de s'amender, reprenez-les avec fermeté, mais avec douceur. Distinguez l'ignorance et la fragilité de la mauvaise volonté et de la paresse. Dans le premier cas, excusez et pardonnez facilement; dans le second, la tolérance serait une faiblesse.

Il faut passer bien des petites choses aux domestiques qui sont soumis, affectionnés et fidèles; car il y en a bien peu aujourd'hui de ce nombre, et dans les grandes maisons encore moins que dans les autres. « Si vous avez, dit le Sage, un serviteur attaché à son devoir, faites-en beaucoup de cas; qu'il vous soit aussi cher que votre vie, et traitez-le comme votre frère. »

Il est étrange que nous ne sentions pas combien il est déraisonnable d'exiger durement les services les plus nécessaires. C'est demander l'aumône les armes à la main. Louis XIV, qui était grand en tout, était bien éloigné d'agir ainsi. Un de ses valets de chambre était allé lui chercher des souliers et tardait à revenir. Le duc de Montausier voulut le gronder. « Eh ! laissez-le en paix, dit le roi, il est assez fâché de n'être pas arrivé plus tôt. » Une autre fois, un portier du parc de Versailles, qui avait été averti que le roi devait passer par la porte qu'il gardait pour aller à la chasse, ne s'y trouva pas quand ce prince y arriva. Tous les courtisans s'empressèrent de le chercher. On le trouva enfin. Le pauvre homme, qui courut tant qu'il put, arriva tout essoufflé : on l'accablait d'injures et de reproches. « Eh! pourquoi, dit le prince, le grondez-vous? croyez-vous qu'il ne soit pas assez affligé de m'avoir fait attendre? »

Soyez donc aussi bons et patients pour ceux qui vous servent. Aidez-les à supporter leur triste condition par de bons traitements et de douces paroles. Ils sont hommes comme vous, chrétiens comme vous; ne l'oubliez jamais, et vous serez un maître selon le cœur de Dieu.

Honorez vos parents surtout dans leur vieillesse.

Eh ! qui honorerait-on, qui aimerait-on, si l'on manquait à ce premier cri de la nature? Quoique son divin Auteur ait gravé ce devoir au fond de notre âme en nous éclairant des lumières de la raison, il a voulu nous en faire encore un commandement exprès, et l'on a remarqué que c'est le seul à l'observation duquel il ait attaché une récompense dès cette vie même. Rien aussi n'est plus particulièrement recommandé dans l'Ecriture sainte, et surtout dans l'un de ses plus beaux livres de morale, l'Ecclésiastique, qui est rempli de préceptes admirables et des plus sages conseils. « Ecoutez, enfants, dit cet auteur sacré, les avis de votre père, et suivez-les, afin que vous soyez sauvés; car Dieu a rendu le père vénérable aux enfants, et il a affermi sur eux l'autorité de la mère. Celui qui honore sa mère est comme un homme qui amasse un trésor; celui qui honore son père recevra lui-même de la joie de ses enfants, et il sera exaucé au jour de sa prière. Celui qui craint le Seigneur honore son père et sa mère, et il servira comme ses maîtres les auteurs de ses jours. »

Nous devons à nos parents le respect, l'amour, l'obéissance et les services. Ils tiennent à notre égard la place de Dieu lui-même; et quelle que soit dans le monde l'élévation de notre rang, elle ne saurait nous dispenser ni de cette obligation, ni des marques extérieures auxquelles elle nous assujettit.

Laurent Celse, ayant été nommé doge de Venise, et voyant que son père, qui était du nombre des sénateurs, ne pourrait se dispenser de venir comme les autres, selon la coutume, se mettre à genoux devant lui, mit sur sa toque ducale une croix d'or , afin que son père pût rapporter à la croix l'honneur qui était d'usage. C'est depuis ce temps-là que les doges portent une croix sur leur toque.

Ce serait manquer à ce respect que de mépriser ses parents même intérieurement, de rougir de leur fortune, de leur condition, de leur état. Que dire donc de ces enfants ingrats qui dans leurs paroles ou leurs actions insultent les auteurs de leurs jours et leur causent de si amers chagrins ! Assurément ils sont réprouvés par Dieu, et sa justice permettra qu'un jour leurs propres enfants les traitent comme ils auront eux-mêmes traité leurs parents : outrages pour outrages , et mépris pour mépris.

Mais si le Ciel punit les enfants ingrats et dénaturés, il récompense aussi presque toujours d'une manière proportionnée ceux qui font éclater à l'égard de leurs proches la noblesse de leurs sentiments. Le père d'un jeune Chinois avait été condamné à avoir la tête tranchée, pour plusieurs crimes énormes qu'il avait commis pendant sa magistrature. Son fils alla se jeter aux pieds du gouverneur et le conjura d'accepter l'offre qu'il faisait de mourir à la place de son père. Le mandarin questionna beaucoup le jeune homme, pour savoir si c'était de son propre mouvement qu'il parlait de la sorte. Quand il se fut assuré de la sincérité de ses sentiments, il en écrivit à l'empereur, qui envoya la grâce du père et un titre d'honneur pour le fils. Mais celui-ci refusa constamment cette distinction, disant que le titre dont il serait décoré rappellerait sans cesse au public le souvenir de la faute de son père. L'empereur, admirant une si noble façon de penser, voulut avoir ce jeune homme à sa cour : il en prit un soin particulier ; et, dans la suite, son mérite personnel l'éleva à la dignité de ministre d'État.

Tel est le véritable amour; c'est par des actes, plus

encore que par des paroles, qu'il se manifeste. Si vous aimez sincèrement vos parents, vous le leur témoignerez dans toutes les occasions ; au visage gracieux, au langage affectueux et tendre, vous joindrez l'empressement à les servir en tout ce qui dépendra de vous, et leurs moindres volontés trouveront en vous une soumission respectueuse. Il n'est qu'un seul cas où vous pourriez, où vous devriez même les désobéir : ce serait s'ils vous commandaient quelque chose contre la loi de Dieu, le premier de tous les pères ; alors la résistance devient un devoir, car l'Ecriture, qui nous ordonne d'obéir à nos parents, nous dit aussi que nous nous perdrions nous-mêmes si nous les aimions plus que Dieu.

Hors ce cas, on doit à ses parents l'obéissance la plus entière. Un désir d'eux doit être un ordre aussitôt accompli que manifesté.

Etes-vous moins aimé de vos parents que les autres, ne vous laissez point aller pour cela aux murmures et à l'emportement. Gardez toujours pour eux cet amour, ce respect que Dieu lui-même a placés dans nos âmes, et soyez assuré que tôt ou tard votre patience touchera leur cœur.

Jean Mochus, auteur du septième siècle, rapporte d'un homme qui avait plusieurs fils, qu'il ne pouvait souffrir l'aîné, parce qu'il aimait la retraite et la solitude. Il se mettait sans cesse en colère contre lui, et lui reprochait souvent qu'il ne faisait pas comme ses autres frères. L'enfant ne répondait rien et souffrait tout avec une patience qui le faisait aimer et admirer de tout le monde. A la fin le père, touché de sa sagesse, lui rendit justice, et, près de mourir, il le laissa maître de partager toute sa succession avec ses autres frères.

Enfin, nous devons à nos parents l'assistance dans leurs besoins. Sont-ils malades, que notre amour veille près de leur lit de douleurs ; pauvres, que notre travail rende pour eux la vie moins amère. Si un danger les menace, sauvons-les au prix même de nos jours, et les bénédictions de Dieu seront pour nous.

Si la vieillesse et l'infirmité les accablent, oh! c'est alors que notre piété filiale doit redoubler ses soins attentifs. Heureux mille fois l'enfant qui peut ainsi rendre aux auteurs de ses jours une faible partie de ce qu'ils ont fait pour lui! Quand sa vie toute entière serait consacrée à cette œuvre d'amour, il ne pourrait encore s'acquitter de la dette de reconnaissance qu'il a contractée, étant l'objet, depuis son berceau, de toutes les sollicitudes de sa mère, des veilles et des travaux d'un père qui semblait ne vivre que pour lui.

Le véritable amour est ingénieux, et trouve des ressources dans lui-même ou dans les autres. Un vieillard anglais presque centenaire, et tailleur de son métier, avait douze fils, tous soldats, qui n'avaient que leur solde pour vivre. Ils obtinrent un congé dont ils profitèrent pour venir voir leur père. Ils le trouvèrent sans pain. « Point de pain! s'écria l'un d'eux, et avoir donné douze défenseurs à la patrie! Il faut que notre bon père soit assisté. Mais comment?

— N'y a-t-il pas un lombard ici? demanda le plus jeune après un moment de réflexion.

— Un lombard! dit un autre, qu'en attendre? il n'est bon qu'à ruiner totalement le malheureux qui y porte sa dernière ressource; mais d'ailleurs à quoi nous servirait-il? avons-nous quelque chose à y porter? car on ne prête rien sans sûretés.

— Nous n'avons rien, reprit le jeune homme; vous allez voir : notre père a été tailleur, il a exercé longtemps ce métier, il meurt de faim; cela prouve sa probité. Nous sommes tous au service depuis quelques années; personne ne peut nous reprocher la moindre chose contre l'honneur : mettons cet honneur en gage; on nous confiera bien cinquante livres sur ce dépôt! »

Cette idée fut approuvée unanimement. Les frères

écrivirent et signèrent ce billet : « Douze Anglais, fils d'un tailleur réduit à la plus grande pauvreté, âgé de près de cent ans, servent tous douze le roi et la patrie avec zèle ; ils demandent à la direction du lombard la somme de cinquante livres, afin de soulager leur infortuné père. Pour sûreté de cette somme, ils engagent leur honneur et promettent le remboursement dans le terme d'une année. » Ils portèrent ce billet à la direction du lombard. On leur donna les cinquante livres, et l'on déchira le billet ; on promit de fournir aux besoins du vieillard pendant sa vie. Ce trait n'a pas plutôt été rendu public que quantité de personnes sont venues chez le tailleur pour le voir, et personne n'y est venu les mains vides. Le bon vieillard se vit même à la tête d'un petit fonds qui, plus tard, devint la récompense de la piété filiale de ses douze fils.

Un jeune gentilhomme, placé à l'école militaire, se contentait depuis plusieurs jours de manger de la soupe et du pain sec avec de l'eau. Le gouverneur, averti de cette singularité, l'en reprit, attribuant cela à quelque excès de dévotion. Le jeune enfant continuait toujours sans dévoiler son secret. M. Pâris du Verney, instruit par le gouverneur de cette persévérance, le fit venir ; et après lui avoir doucement représenté combien il était nécessaire d'éviter toute singularité et de se conformer à l'usage de l'école, voyant que cet enfant ne s'expliquait point sur les motifs de sa conduite, il fut contraint de le menacer, s'il ne se réformait, de le rendre à sa famille. « Hélas ! monsieur, dit alors l'enfant, vous voulez savoir la raison que j'ai d'agir comme je le fais ; la voici : Dans la maison de mon père, je mangeais du pain noir et en petite quantité ; nous n'avions souvent que de l'eau à y ajouter : ici je mange de la bonne soupe ; le pain y est bon, blanc et à discrétion. Je trouve que je fais grande chère, et je ne puis me déterminer à manger davantage, par l'impression que me fait le souvenir de

l'état de mon père et de ma mère. » M. Pâris du Verney
et le gouverneur ne pouvaient retenir leurs larmes en
voyant la sensibilité et la fermeté de cet enfant.

« Monsieur, reprit M. Pâris du Verney, si monsieur
votre père a servi, n'a-t-il pas de pension ?

— Non, répondit l'enfant, pendant un an il en a sol-
licité une : le défaut d'argent l'a contraint d'abandonner
la poursuite ; et pour ne point faire de dettes à Versailles, il a mieux aimé languir.

— Eh bien, dit M. Pâris du Verney, si le fait est aussi
prouvé qu'il paraît vrai dans votre bouche, je promets
de lui obtenir cinq cents livres de pension. Puisque vos
parents sont si peu à leur aise, vraisemblablement ils
ne vous ont pas beaucoup garni le gousset : recevez pour
vos menus plaisirs les trois louis que je vous présente
de la part du roi : et quant à monsieur votre père, je
lui enverrai d'avance les six premiers mois de la pension que je suis assuré de lui obtenir.

— Monsieur, reprit l'enfant, comment pourrez-vous
lui envoyer cet argent ?

— Ne vous inquiétez pas, reprit M. Pâris du Verney,
nous en trouverons les moyens.

— Ah ! monsieur, répliqua-t-il, puisque vous avez
cette facilité, remettez-lui aussi les trois louis que vous
venez de me donner : ici j'ai tout en abondance ; ils me
deviendraient inutiles, et ils feraient grand bien à mon
père pour ses autres enfants. »

Ah ! puissent ces touchants exemples trouver beaucoup d'imitateurs ! puisse la piété filiale reprendre enfin
ses droits, et consolider la société qui s'ébranle en donnant aux générations nouvelles des enfants vertueux
qui, plus tard, seront à leur tour bons pères !

Que l'orgueil ne nous porte jamais à rougir de l'état
obscur des auteurs de nos jours, si la Providence nous
faisait monter à un rang plus élevé que celui où nous
prîmes naissance. « N'oubliez pas, dit le Sage, votre

père et votre mère, parce que vous êtes au milieu des grands, de peur que Dieu ne vous oublie devant ces grands mêmes, et que, devenant insensé par la trop grande familiarité que vous aurez avec eux, vous ne tombiez dans l'infamie. » Au contraire, le respect et l'honneur que vous leur rendrez alors rejailliront sur vous. Un brave officier, nommé Duras, du régiment d'Aubusson, était fils d'un paysan. Son père étant venu le voir, il le présenta en habits de son état et en sabots à son colonel. Louis XIV, instruit de la manière dont il avait reconnu, reçu et honoré son père, tandis qu'on le croyait issu de la maison de Duras, le fit venir à la cour, et en lui tendant la main : « Duras, je suis bien aise de connaître le plus honnête homme de mon royaume. Je vous accorde mille écus de pension. Mariez-vous, j'aurai soin de vos enfants ; vous méritez d'en avoir qui vous ressemblent. »

Notre amour pour nos parents doit être plus fort que la mort, et les suivre jusqu'à dans l'autre vie. Que nos prières, seul tribut de tendresse que nous puissions alors leur payer, montent jusqu'au trône de Dieu pour leur obtenir, en échange de tous les bienfaits que nous donna leur bonté, la paix et la gloire éternelle.

Le commandement qui nous ordonne d'aimer nos parents renferme aussi l'obligation d'être soumis et respectueux pour tous ceux que la Providence a placés au-dessus de nous. Les rois, les princes sont les lieutenants de Dieu sur la terre ; et Jésus-Christ, la sagesse incréée, nous a prescrit l'obéissance et le respect pour les puissances du monde, quand il a dit : « Rendez à César ce qui est à César. » Bons ou méchants, justes ou injustes, ils sont placés par Dieu, ne nous permettons pas de les juger. Dieu a parlé : rendons à César ce qui est à César.

Si l'on doit honorer et respecter non-seulement les princes de la terre, mais aussi leurs officiers et tous ceux qui les représentent, à plus forte raison doit-on honorer les ministres du Roi des rois, et respecter leur caractère, qui est si auguste, dit saint Chrysostôme, qu'il est au-dessus de la pourpre et de la dignité royale, parce qu'il donne un pouvoir que les rois et même les anges n'ont pas ; médiateurs entre Dieu et les hommes, destinés à remettre les péchés, à offrir le sacrifice de la loi nouvelle, à annoncer la parole de Dieu, les envoyés du ciel et nos pères dans la foi. Le grand saint Athanase, dans la vie qu'il a écrite de saint Antoine, rapporte que ce patriar-che des cénobites, qui n'avait pas même la tonsure, voulait que le moindre clerc lui fût préféré en toutes choses. Il s'humiliait et baissait la tête devant les évêques et les prêtres pour leur demander leur bénédiction.

Mépriser les prêtres, leur manquer de respect, c'est insulter à Dieu lui-même. Violer leur sacré caractère en les faisant l'objet de railleries, de badinages indécents, c'est s'exposer à porter la peine de l'impie et du sacrilége ; s'en trouva-t-il même qui oubliassent la dignité de leur saint état, nous devons, nous, nous en souvenir et les entourer toujours de nos respects.

Enfin, les personnes qui par leur âge sont censées avoir et ont en effet d'ordinaire plus de raison, d'expérience et de sagesse que les jeunes gens, méritent aussi leur considération et leur respect. N'imitez donc jamais cette imprudente jeunesse qui, croyant tout connaître sans avoir encore rien appris, prend un air suffisant et vain, un ton tranchant et décisif en présence des vieillards mêmes, ou se plaît à les tourner en ridicule, à les mé-priser, à les traiter de sots et de radoteurs. Que les têtes chauves et les cheveux blancs reçoivent toujours de vous les plus respectueux égards ; et si Dieu vous conduit à la vieillesse, elle s'écoulera respectée et honorée des vôtres et de tous.

CHAPITRE VII

Aimez le doux plaisir de faire des heureux.

Il n'est pas sur la terre de plaisir plus délicieux que celui de faire le bien. Participant en quelque sorte à la nature de Dieu, l'homme qui sèche les larmes des malheureux devient comme l'image de la divine Providence. Son cœur éprouve une jouissance que rien n'altère, et les bénédictions l'environnent. Bien plus douce est la joie de celui qui donne que ne l'est celle du pauvre qui reçoit. Celui-ci éprouve le bonheur de se voir délivré des angoisses du besoin ; mais l'autre se dit : « Là où était la douleur, j'ai semé la joie ; là où venait la mort, j'ai placé la vie ; là où de pauvres cœurs se desséchaient sous le poids du chagrin, j'ai fait germer le consolant sentiment de la reconnaissance. » Je le demande, quelles plus douces pensées pourraient venir porter à l'âme leurs enivrantes jouissances.

Jamais on ne s'est repenti d'avoir fait le bien : on a pu trouver des ingrats, on a pu mal placer ses dons ; mais la meilleure preuve des douceurs attachées à la bienfaisance, c'est que toujours on revient à chercher le moyen de faire des heureux ; c'est que, trompé cent fois, on y revient toujours.

Travailler à faire des heureux, c'est travailler à son propre bonheur. L'aumône rachète les péchés, elle est la clef mystérieuse qui peut fermer l'enfer et ouvrir le ciel. Au dernier jour, elle sera la cause des miséricordes du Seigneur. « J'ai eu faim, dira le souverain Juge, et vous m'avez donné à manger ; j'ai été nu, prisonnier, malade, et vous m'avez visité, consolé, vêtu. Venez, ô les bénis de mon Père, posséder le royaume qu'il vous a préparé. »

Mais, sans parler de ces considérations si puissantes sur un cœur chrétien, l'aumône est un baume bienfaisant qui guérit les douleurs et fait aimer la vie. Le trait suivant en est la preuve.

Dans une petite ville de France, un homme riche, mais accablé du fatal ennui de vivre, allait terminer ses malheureux jours, lorsque, passant dans la place publique, ses yeux égarés se fixèrent par hasard vers une maison. Il y avait au-dessus de la porte une inscription latine, dont voici le sens : « O toi, pour qui ton existence est un fardeau, cherche à faire du bien, la vertu saura te faire aimer la vie ! » Il s'arrête un moment, et songe qu'il y a dans son voisinage un menuisier, honnête homme, pauvre, resté veuf depuis peu avec beaucoup d'enfants. « J'étais bien fou, dit-il, de livrer ainsi ma succession à des héritiers avides qui auraient ri de ma sottise ; j'en veux faire un plus digne emploi. » Il retourne aussitôt sur ses pas, envoie chercher le menuisier, et lui dit : « Je suis touché de votre état : voici une somme de mille écus, pour vous mettre en état de travailler et d'élever votre famille. » Il se chargea lui-même de l'éducation de ses enfants, et il eut la satisfaction de les voir tous répondre à ses soins. Il goûta la joie la plus douce au milieu d'une famille dont il était devenu le père et qui l'adorait. Il avoua souvent qu'il n'aurait jamais cru qu'il y eût tant de plaisir à faire celui des autres. Il vécut longtemps, et fut toujours heureux.

Voyez l'avare entouré de ses trésors : sa joie sombre

et inquiète peut-elle être appelée joie? Il compte sans cesse cet or inutile pour lui et pour les autres, mais il tremble qu'il n'échappe à ses mains; il l'enfouit, il le cache, et malgré tous ses soins, à la mort, il n'emporte de ce monde, comme le pauvre, qu'un suaire et un cercueil.

On est digne de son bonheur quand on aime à le faire partager. Henri de Montmorency, gouverneur du Languedoc, vit dans un champ quatre laboureurs qui dînaient à l'ombre d'un buisson. « Approchons-nous de ces bonnes gens, dit-il à ceux qui l'entouraient, et demandons-leur s'ils sont heureux. » Trois des laboureurs dirent que Dieu les avait entourés des aises de leur condition et qu'ils ne souhaitaient rien. Le quatrième avoua qu'une chose manquait à son bonheur. Interrogé par le duc, il répondit que c'était de pouvoir acquérir un certain héritage que ses pères avaient possédé. « Et si tu l'avais, cet héritage, dit le duc, serais-tu content?

— Autant que je puis l'être, répondit le paysan.

— Combien vaut-il?

— Deux mille francs, répondit-il.

— Qu'on les lui donne, reprit le duc, et qu'il soit dit que j'ai rendu un homme heureux en ma vie. »

On lit dans la vie du chevalier Bayard un trait qui nous paraît encore plus beau, parce que ce guerrier n'avait ni les moyens ni la fortune du duc de Montmorency. Durant les guerres d'Italie, Bayard apprit qu'un trésorier devait porter aux ennemis une grande somme. Résolu de mettre la main sur l'homme et sur son trésor, il alla se placer en embuscade avec vingt hommes, et envoya d'un autre côté Tardieu, l'un de ses hommes d'armes, avec vingt-cinq soldats, afin que, si le trésorier échappait à l'un, l'autre ne le manquât pas. Il passa par où était Bayard, qui fondit sur lui. Le trésorier et son escorte, croyant avoir toute une armée à leurs trousses, s'enfuirent sans regarder derrière eux.

On atteignit le trésorier : il fut conduit à la ville où
Bayard était en garnison, et l'on trouva dans la caisse
quinze mille ducats.

En ce moment arriva Tardieu, qui fut ébloui de ses
belles médailles, et qui n'en regrettait que davantage
que la fortune ne lui eût pas donné la préférence sur
Bayard. « Mon camarade, lui dit-il, j'ai ma part là-
dedans, comme ayant été de l'entreprise.

— Vous avez été de l'entreprise, répliqua Bayard,
mais non de la prise ; et quand vous en auriez été, n'êtes-
vous pas sous mes ordres ? » Tardieu devint furieux à
cette réponse, et alla porter ses plaintes au général français, qui adjugea la prise à Bayard. Celui-ci, pour se
divertir aux dépens de Tardieu, mit devant lui ses ducats
en monceau sur une table.

« Camarades, lui dit-il, voilà de belles dragées, qu'en
dites-vous ?

— Je dis, répondit-il avec un grand soupir, qu'elles
sont belles, mais que je n'en tâterai pas : cependant la
moitié de cela m'aurait bien accommodé, et me mettrait
à mon aise pour le restant de ma vie.

— Ne tient-il qu'à cela, mon bon ami, reprit Bayard,
pour que vous soyez heureux le reste de vos jours ? Ne
regrettez pas de n'avoir pas mis la main dessus plutôt
que moi : ce que le hasard ne vous a pas adressé, je
vous le donne de bon cœur ; la moitié de cela est pour
vous. »

Tardieu croyait que le chevalier plaisantait toujours ;
mais quand il vit compter la somme et qu'il en eut la
moitié entre les mains, il ne savait en quels termes
exprimer sa reconnaissance. « Ne parlez pas de si peu
de chose, mon compagnon, répondit le bon chevalier,
c'est le moins que je voulusse faire et que je ferais pour
vous si j'en avais la puissance. » Et pourtant, ce bienfait était si considérable que Tardieu en fut riche toute
sa vie.

Mais soulagez surtout le pauvre vertueux.

Entre toutes les infortunes, il en est qui méritent surtout la sollicitude des âmes charitables. C'est cette misère qui se cache, qui rougit et tremble même d'être découverte, et qui, pour être imméritée, n'est pas moins affreuse pour ceux qui l'endurent. Savoir les deviner, savoir les secourir, c'est la plus belle œuvre que puisse faire la générosité humaine. Souvent la honte et le déshonneur deviennent les tristes fruits de cette misère. Oh! si vous en préservez une seule âme, quelle ne sera pas votre récompense dans le ciel!

Une femme fort pauvre, mais qui avait la consolation d'avoir une fille aimable dont les grâces modestes annonçaient la sagesse, se présenta avec cette jeune personne à l'audience du cardinal Farnèse. Elle lui exposa qu'elle était sur le point d'être renvoyée avec sa fille d'un petit appartement qu'elles occupaient chez un homme fort riche, parce qu'elle ne pouvait lui payer cinq écus qui lui étaient dus. Le ton d'honnêteté avec lequel elle faisait connaître son malheur, fit aisément comprendre au cardinal qu'elle n'y était tombée que parce que la vertu lui était plus chère que les richesses. Il écrivit un billet et la chargea de le porter à son intendant. Celui-ci, l'ayant ouvert, compta sur-le-champ cinquante écus. « Monsieur, lui dit cette femme, je ne demandais pas tant à Monseigneur, et certainement il s'est trompé. » Il fallut, pour la tranquilliser, que l'intendant allât lui-même parler au cardinal. Son Éminence, reprenant son billet, dit : « Il est vrai, je m'étais trompé, le procédé de madame le prouve. » Et au lieu de cinquante écus, il en écrivit cinq cents, qu'il engagea la vertueuse mère d'accepter pour doter sa fille.

Une des charités les plus louables est sans doute celle qui a pour objet l'âme bien plus que le corps, et qui entretient dans l'amour du travail en suppléant à ce que le travail ne peut fournir aux besoins. L'aumône faite au vice ou à la fainéantise cesse de mériter le nom d'aumône.

On rapporte de M. de Launai, célèbre avocat de Paris, qu'il refusait rarement l'aumône aux pauvres, mais en la donnant il leur recommandait de travailler pour gagner leur vie : « Je me lève, leur disait-il, tous les jours à cinq heures du matin pour gagner la mienne. »

Vincentine Lamelin, dame génoise très-riche, peut être proposée aux dames chrétiennes et charitables comme un illustre modèle de la sagesse avec laquelle elles doivent placer leurs aumônes. Tantôt elle faisait venir chez elle les femmes les plus pauvres et les plus malheureuses de Gênes, et leur procurait les secours spirituels et temporels dont elles avaient besoin. Tantôt elle engageait, par l'appât des récompenses, des malheureuses à quitter le genre honteux de vie qu'elles menaient ; elle leur en facilitait les moyens, soit en leur procurant de l'ouvrage, soit en les plaçant dans quelque communauté où elle payait leur pension. Et si, malgré ces précautions, sa bienfaisance n'avait pas à l'égard de toutes un effet durable, c'était toujours pour elle une satisfaction de les avoir pour quelque temps garanties du désordre. Les pauvres orphelines avaient surtout une part abondante à sa charité : la crainte qu'elle avait que ces infortunées ne fussent un jour abandonnées à elles-mêmes, les lui rendait extrêmement chères ; elle en mettait le plus qu'elle pouvait à l'abri de la séduction par ses libéralités ; et dès qu'elles avaient atteint un certain âge, elle mariait honnêtement celles qui se déterminaient pour cet état, et procurait aux autres divers établissements.

Mais si le Sage veut que l'on donne aux bons, il dit encore : « Ne détournez pas vos yeux du pauvre, de peur qu'il ne se fâche ; et ne donnez point sujet à ceux qui vous demandent de vous maudire derrière vous : car celui qui vous maudira dans l'amertume de son âme sera exaucé par Celui qui l'a créé. Un peu de pain est la vie du pauvre ; celui qui l'en prive est un meurtrier. »

Quoi ! une aumône légère peut sauver un homme de la mort, et vous la lui refusez sous le prétexte que vous ne savez pas s'il la mérite. Que vous importe ? donnez toujours. Est-ce que le Dieu des pauvres ne voit pas votre aumône ? Et si ce pauvre est mauvais, et qu'en lui sauvant la vie par un peu de pain vous deveniez la cause de sa conversion future, dites, votre denier n'aura-t-il pas été placé à bons intérêts pour le ciel ?

Ainsi pensait l'impératrice Eléonore. Cette libérale mère des pauvres était toujours environnée d'une foule de mendiants qui l'attendaient et la pressaient à l'envi. Elle demeurait tranquille au milieu de cette multitude qui la heurtait, la tirait par ses habits et lui arrachait l'aumône de la main. Quelquefois elle sortait sans suite pour éviter un peu ses importunités ; mais presque toujours les pauvres devinaient sa marche, comme si sa charité l'eût trahie et ne lui eût pas permis de demeurer longtemps cachée. Fâchée alors de se voir seule et dépourvue d'argent, se sentant d'ailleurs les entrailles déchirées par les cris de ces malheureux, elle empruntait du premier venu quelque argent pour le distribuer aussitôt de ses propres mains. On ne sera pas surpris que, dans un si grand concours de pauvres, il se glissât souvent des fourbes qui abusaient de sa bonté. Un jour entre autres, elle rencontra cinq soldats qui paraissaient assez misérables : elle leur donna à chacun une pièce d'or. Quelques moments après, ils eurent l'audace de revenir sous un autre déguisement ; elle feignit d'abord de ne pas les reconnaître, leur donna pour eux tous une pièce d'or, par un excès de bonté qui lui faisait excuser ces sortes de supercheries en faveur des misères véritables qu'elles couvrent quelquefois. « Tenez, mes enfants, leur dit-elle, prenez encore celle-ci : mais souvenez-vous que j'ai bien des pauvres à nourrir. »

Il y en avait qui, pour la tromper, jouaient vingt personnages en un jour. D'autres feignaient d'être nouvellement convertis, ou de grande qualité, ou ruinés par la guerre ; et, ce qui était pire, il s'en trouvait qui faisaient servir ses aumônes d'aliment à leur vie libertine, et qui, après les avoir extorquées, couraient incontinent les porter dans les lieux d'ivresse ou de débauche. Eléonore, avertie de ces désordres, et voyant que les remontrances qu'on lui faisait à cet égard tendaient à lui faire diminuer ses charités, disait en soupirant : « Hélas ! je ne puis discerner les vrais pauvres d'avec les autres ; dois-je donc les punir tous et n'écarter ceux-ci qu'au préjudice de ceux-là ? Dieu voit la droiture de mes intentions, il m'en tiendra compte. Eh ! ne fait-il pas lui-même luire son soleil sur les bons et sur les méchants ? »

On n'a jamais tant parlé d'humanité que dans notre siècle ; mais en substituant le beau mot « d'humanité à celui de charité, » parce que l'humanité n'est qu'une vertu païenne, et que la charité est une vertu chrétienne, nos philosophes ont voulu, à l'exemple des plus habiles sectaires, couvrir de séduisantes couleurs la noirceur de leur doctrine, et prêter du moins à l'erreur le masque de la vérité. Ils ont préconisé, exalté l'humanité, la bienfaisance ; mais, s'ils ont peut-être réveillé dans quelques cœurs ces sentiments si naturels, et engagé à faire quelques actes de bienfaisance dont les malheureux ont profité, nous osons le dire, à la gloire de la religion, ces sentiments d'humanité ne germeront jamais plus sûrement ni avec plus de rapidité dans les cœurs que quand ils sont vivifiés par la charité chrétienne.

Quelle religion a plus fortement recommandé l'amour du prochain et le soin des pauvres ? Qui a jamais mieux pratiqué ces vertus que les saints et les âmes pieuses? Les annales ecclésiastiques en rapportent de touchants exemples, bien plus propres à persuader la charité que toutes les sèches maximes de la philosophie.

Qui peut, en effet, ne pas se sentir porté à soulager les pauvres, en y voyant un Sérapion, pauvre lui-même, se dépouiller de tous ses habits pour en revêtir un malheureux qui mourait de froid? Interrogé qui l'avait dépouillé de la sorte, il répondit en montrant le livre de l'Evangile : « C'est celui-ci. » Une autre fois, il vendit même ce seul livre précieux qui lui restait pour donner l'aumône, et dit à son disciple : « En vérité, mon fils, parce que j'ai lu qu'il m'avait dit, « Vendez tout ce que vous avez et donnez-le aux pauvres, » je l'ai vendu lui-même pour donner, afin qu'au jour du jugement j'aie sujet d'avoir une plus grande confiance en Dieu. » Une autre fois, ajoute l'auteur de sa vie, une veuve dont les enfants mouraient de faim lui ayant demandé l'aumône, et n'ayant rien à lui donner, il se vendit lui-même à des Grecs, qui, touchés d'une action si généreuse, se convertirent peu de jours après au christianisme.

On a vu, dans le dernier siècle, Marie Leckzinska, reine de France, donner les preuves les plus touchantes de sa compassion pour les malheureux. Ayant entendu dire à Compiègne où elle était qu'on venait de rencontrer un pauvre dans l'état le plus déplorable, elle voulut le voir, et l'ayant fait entrer dans son cabinet, elle le consola, et lui donna en or une somme considérable. Frappé de la magnificence de cette aumône, et plus encore de l'air de bonté de sa bienfaitrice, ce pauvre perdit connaissance. La reine, alarmée, s'empressa pour le remettre, le fit asseoir dans son fauteuil, et lui donna elle-même tous les soins dont il avait besoin.

Pour bien faire l'aumône, il faut la faire promptement et de bon cœur. Que penser de ces charités qu'accompagnent un mépris dédaigneux, un regard hautain, des

paroles offensantes? Riches superbes, donnez-vous l'aumône ou achetez-vous le droit d'insulter? Sous les haillons de ce pauvre, votre frère, Jésus-Christ lui-même
est caché. C'est à lui que s'adressent vos mépris, vos rebuts, vos outrages. Avez-vous assez peu de religion ou
assez d'ingratitude pour refuser ce qu'il vous demande?
Vous avez du superflu, ne rejetez pas les cris de ceux qui
manquent du nécessaire.

Oh! donnez, donnez donc! donnez tandis que vous avez
pour vous le temps et devant vous l'éternité! Vos richesses ne vous suivront pas dans l'autre vie. Au lieu
d'entasser des biens qui peuvent devenir la proie des voleurs et qui deviendront certainement celle de la mort,
amassez des trésors infiniment plus précieux et que rien
ne pourra jamais vous enlever. Faites du bien aux pauvres
pendant que vous vivez, plutôt qu'après votre trépas,
parce que le mérite en est beaucoup plus grand, et que
c'est en quelque sorte être libéral du bien d'autrui que
de ne donner que ce que la mort va contraindre de laisser à d'autres.

Ce bien qu'on répand dans le sein des pauvres, est
comme une semence qui souvent produit des fruits abon-
dants, même pour cette vie. L'aumône faite en vue de
Dieu et selon les lois de la charité, n'a jamais vu l'indigence marcher à sa suite. Combien, au contraire, n'y
en a-t-il pas dont la prospérité semble avoir été en pro-
portion de leurs aumônes! Ce qu'ils donnaient d'un côté,
Dieu leur rendait de l'autre. C'est qu'on ne perd rien
avec un Maître qui ne se laisse pas vaincre en libéralité.
On raconte d'un riche négociant, qu'il ne prenait jamais
d'assurances pour les marchandises qui étaient à son
compte sur les vaisseaux; mais il donnait aux pauvres
ce que lui auraient coûté ces assurances : il disait que
cette manière d'assurer ne l'avait jamais trompé.

L'illustre et vertueuse baronne de Chantal, mariée à
un des plus riches seigneurs de Bourgogne, avait épuisé

dans une famine tout ce qu'elle avait mis en réserve pour les pauvres. Elle se vit réduite à un seul muid de farine de froment et à un peu de seigle, qui lui étaient nécessaires pour la subsistance de sa maison. Cependant la famine continuait, et le nombre des pauvres, au lieu de diminuer, augmentait tous les jours. Combien de personnes, dans une pareille conjoncture, auraient cessé leurs aumônes! Madame de Chantal, pleine de confiance en Dieu, continua les siennes jusqu'à la récolte. Le muid de farine de froment et le peu de seigle, pendant six mois, ne diminuèrent point. Lorsque la moisson fut arrivée, on allait voir avec admiration ce peu de blé, où l'on n'apercevait aucune diminution sensible. C'est un fait qui a été attesté par tous ceux qui servaient alors madame de Chantal, et que croiront sans peine ceux qui savent les promesses du Seigneur à cet égard.

Donnez, et vous goûterez une joie que ne sauraient vous procurer tous les plaisirs de ce monde. Donnez de votre superflu, et si les calamités sont plus grandes, donnez aussi de votre nécessaire. Un philosophe ancien à qui on demandait quelle était la mesure et la règle de la bienfaisance, répondit ces paroles : « Nos besoins satisfaits. »

Dans un temps de disette, M. Languet, curé de Saint-Sulpice, vendit ses meubles, ses tableaux et d'autres objets rares et précieux qu'il avait amassés avec beaucoup de peine. Il n'eut depuis que trois couverts d'argent, point de tapisserie, un lit de serge, qu'une dame ne fit que lui prêter, afin qu'il ne le vendît pas pour les pauvres, comme il avait fait de tous ceux qu'il avait eus. Il avait déjà vendu son patrimoine qui était considérable, et il en avait envoyé le prix en œuvres de charité. Nous trouvons dans les annales de l'Eglise une foule de faits analogues, qui prouvent que les ministres de notre sainte religion ont toujours été les premiers pères nourriciers des pauvres.

L'archiduc Ferdinand, autrefois gouverneur de la Lombardie autrichienne, donna un jour aux grands un exemple de sensibilité pour les malheureux, aussi digne de notre imitation que de nos éloges. Pendant les différentes fêtes qui se firent à l'occasion de son mariage, on lui montra, en présence de l'impératrice-reine, les dessins d'une illumination superbe, qu'on avait résolu de faire à Schœnbrunn, l'avant-veille de son départ pour son gouvernement, et qui avait coûté beaucoup. Le jeune prince considéra ces dessins attentivement, parut rêveur, soupira, et quelques larmes s'échappèrent de ses yeux. L'impératrice, étonnée et inquiète de cet attendrissement, lui en demanda vivement la cause. « Ma mère, lui dit-il, voilà assez de fêtes qu'on me donne : encore une illumination ! cela coûtera tant ! et c'est un plaisir si peu durable, si même c'en est un ! La cherté des grains et les malheurs des temps ont réduit quantité de familles honnêtes à la dernière misère. On pourrait employer l'argent que cette illumination coûterait à soulager les plus indigents. » L'impératrice, charmée de trouver dans ses enfants cette humanité et cette bienfaisance qui faisaient son caractère, embrassa tendrement son fils, mêla ses larmes aux siennes, et lui fit remettre une somme considérable. Tout le jour fut employé à la distribuer dans le plus grand secret ; et le lendemain l'archiduc parut devant l'impératrice, la joie peinte sur le visage, l'embrassa et lui dit avec l'enthousiasme d'une belle âme transportée du plaisir d'avoir fait une bonne action : « Ah ! ma mère, quelle fête ! »

Si Dieu vous a donné de grandes richesses, témoignez-lui votre reconnaissance en les partageant avec les pauvres, et ne craignez que de ne pas donner assez. Si vous avez peu, donnez encore ; les moins riches peuvent soulager ceux qui sont dans la nécessité. Il ne faut pas de grands trésors pour faire le bien. Tant de personnes ont besoin d'une recommandation, d'une

parole consolante, d'un morceau de pain! Donnez,
et à l'heure de la mort vous irez avec confiance au
tribunal du souverain Juge, où la voix éloquente de
vos aumônes plaidera en votre faveur et vous ménagera
un arrêt favorable.

CHAPITRE VIII

La charité ne consiste pas seulement à donner ; elle s'étend à toutes les infortunes et donne au créancier des entrailles pour son débiteur, comme elle donne au bienfaiteur un cœur sensible aux misères du pauvre.

Souvent une maladie, un revers inattendu empêchent de remplir une obligation contractée. Si donc votre débiteur vient à vous et vous conjure d'attendre encore, n'ayez pas le cœur assez dur pour le lui refuser et pour le dépouiller du peu qu'il a. Lui accorder quelque délai, ce n'est pas seulement humanité et bienfaisance, c'est intérêt propre et amour de nous-mêmes.

Hommes intéressés et impitoyables, avez-vous oublié que vous serez traités comme vous aurez traité vos frères ? Si vous ressemblez à ce mauvais serviteur à qui son maître venait de remettre dix talents et qui eut la dureté de faire mettre en prison un de ses compagnons qui lui devait cent deniers, ne devez-vous pas craindre d'exciter également contre vous l'indignation des hommes et la colère de Dieu, qui n'est pas moins le père que le maître de tous, et qui se déclare hautement le vengeur du pauvre ?

Ayez donc pitié du malheureux qui ne peut s'acquitter qu'en ôtant le pain à sa famille, qu'en vendant à vil prix le peu qui lui reste. Hélas! avec un peu de patience vous auriez prévenu sa ruine, et vous l'accélérez; vous annoncez, par votre éclat précipité, le mauvais état de ses affaires; et au tocsin que vous sonnez, vous avertissez tous ses autres créanciers, qui accourent et se réunissent avec vous pour le perdre sans ressources. Si vous aviez le malheur d'être dans le même cas, voudriez-vous qu'on agît ainsi à votre égard? Quelle obligation, quelle reconnaissance n'auriez-vous pas pour un créancier humain et compatissant qui vous donnerait le temps de faire honneur à vos affaires et qui vous en fournirait même les moyens?

Si votre débiteur est un honnête homme et que vous le connaissez pour tel, que risquez-vous? tôt ou tard vous serez payé, et vous n'aurez pas à vous reprocher d'avoir écrasé un malheureux. Si c'est votre ami, en le pressant vous allez perdre son amitié, et avec elle plus que votre argent ne vaut. Si celui qui vous doit est un homme d'honneur, croyez qu'il est plus affligé et plus inquiet que vous de ne pouvoir s'acquitter : il n'est pas si pénible à une personne qui a des sentiments de manquer d'argent que d'en devoir. En lui accordant quelque délai, vous acquerrez ce qui est plus précieux que tous les biens, l'estime des hommes et un ami reconnaissant. « La bonne réputation vaut mieux que beaucoup de richesses, et l'affection est plus estimable que l'or et l'argent. »

« Mon fils, disait le vertueux Tobie, lorsqu'un homme a travaillé pour vous, payez-lui sur-le-champ ce qui lui est dû, et ne retenez pas un moment le salaire de l'ouvrier. » L'Écriture compare à un meurtrier celui qui diminue ou refuse à l'artisan le prix de ses peines.

Henri IV, ce bon roi si digne du trône où il eut tant de peine à monter, donna un jour à ce sujet une leçon bien remarquable. Après son entrée dans Paris, des créanciers firent arrêter l'équipage de La Noue. Cet officier s'en plaignit. « La Noue, lui dit publiquement le roi, il faut payer ses dettes, je paie bien les miennes. » Ensuite, le tirant à l'écart, « Tenez, lui ajouta-t-il, voilà mes pierreries; donnez-les en gage à vos créanciers au lieu de votre bagage. »

Le grand Turenne pensait et agissait non moins noblement. Ayant pris le commandement de l'armée d'Allemagne, il trouva les troupes en si mauvais état qu'il vendit sa vaisselle d'argent pour habiller les soldats et remonter la cavalerie; et il ne voulut jamais accepter les sommes considérables que ses amis lui offraient, ni rien prendre à crédit chez les marchands, de peur, disait-il, que s'il venait à être tué ils n'en perdissent une bonne partie. Tous les ouvriers qui travaillaient pour sa maison avaient ordre de porter leurs mémoires avant qu'il partît pour l'armée, et ils étaient payés régulièrement.

Le cardinal de Retz n'était pas moins délicat sur ce point de justice. Jamais grand seigneur n'a fait tant de dépenses, tant emprunté, ni si bien rendu. La dernière fois qu'il partit pour Rome, où des affaires pressantes l'appelaient, il fit assembler ses créanciers, et leur dit qu'il ne pouvait leur donner que telle somme dans un certain temps, et que M....., qui était présent, voulait bien en être caution. Tous ses créanciers se récrièrent là-dessus, et lui dirent qu'ils ne venaient point pour lui demander de l'argent, qu'ils en avaient encore à son service. Une dame, entre autres, lui offrit cinquante mille écus, qu'elle le priait d'accepter pour le besoin de son voyage. Le cardinal, confus de la générosité de tant de gens et touché de la confiance qu'ils avaient eue en lui, leur en témoigna sa reconnaissance. Il se tourna vers un marchand qui était là : « Il y a, dit-il, ce pauvre chapelier à qui je dois beaucoup; je rougis de ne pou-

voir le satisfaire comme je le voudrais et comme il
le mérite.

— Moi! Monseigneur, répondit le chapelier; il est
vrai que je suis pauvre, mais je n'ai pas moins de cœur
que les autres, ni moins d'attachement pour votre personne : je ne vous demande rien, et voilà encore trois
chapeaux rouges que je prie Votre Eminence d'emporter
avec elle. »

Le cardinal fut attendri jusqu'aux larmes. Il mourut
quelque temps après ; mais on exécuta si fidèlement ses
intentions qu'aucun de ses créanciers ne perdit rien.

CHAPITRE IX

Supportez les humeurs et les défauts d'autrui.

C'est encore là un des divins caractères de la charité :
elle est patiente. L'œil du chrétien, toujours ouvert sur
ses propres imperfections, voit à peine celles des autres.
C'est le moyen de vivre toujours dans une paix parfaite ;
car il nous sera toujours plus facile de nous conformer
au caractère, aux défauts du prochain, que d'assujettir
son humeur et son caractère aux nôtres.

Un philosophe païen répétait souvent à ses disciples
cette belle maxime : « Pardonnez tout aux autres, et
ne vous pardonnez rien à vous-mêmes. » Quand on
s'étudie bien et qu'on s'applique à se connaître, on se
trouve si rempli de défauts, qu'on n'a pas de peine à excuser dans autrui ceux qui paraissent le moins excusables ;
à moins que par devoir on ne soit obligé de les corriger
et de les punir. Encore l'homme sage et compatissant
aux faiblesses de l'humanité le fait-il avec beaucoup de
modération et de douceur ; il pardonne d'autant plus
facilement qu'il n'ignore pas qu'il a souvent lui-même
besoin de pardon.

Mais que cette bonté indulgente est rare, et qu'il est
difficile à la plupart des hommes d'être contents de
quelqu'un ! Ils sont si remplis d'amour-propre qu'ils ne

sont guère satisfaits que d'eux-mêmes ; et telle est leur injustice, que ceux qui font le plus souffrir sont presque toujours ceux qui veulent le moins souffrir des autres.

La sagesse doit nous découvrir nos défauts, et la charité doit couvrir à nos yeux ceux du prochain. Si nous ne pouvons nous empêcher de voir des défauts marqués, parce que ce serait manquer d'esprit, ne les voyons que pour ne pas en avoir de pareils, et jetons aussitôt les yeux sur nos propres faiblesses, afin d'apprendre à supporter celles d'autrui.

Rire de ceux qui ont quelque difformité dans la figure, c'est une petitesse qu'on ne pardonne pas aux enfants. Ne devrait-il pas en être de même des défauts du caractère ? Est-on moins à plaindre d'avoir le cœur gauche, l'esprit tortu, l'humeur raboteuse, que d'être boiteux ou bossu ?

La douceur, l'indulgence pour les défauts d'autrui est surtout nécessaire aux femmes. Elles doivent supporter le dégoût, la colère, les brusqueries, le mépris même de leurs maris. Une femme tendre, vertueuse et raisonnable, qui, malgré tous ses efforts, se voit en butte à la mauvaise humeur d'un époux ; une femme qui n'a jamais la satisfaction de s'entendre applaudir sur les meilleures actions, qui est même obligée de les cacher et de paraître quelquefois avec tort ; qui, dérobant son malheur à tous les yeux étrangers, tâche de sauver les dehors et de cacher au public tout ce qui peut l'être ; qui souffre sans se plaindre et qui excuse ce qu'elle n'a pu prévenir ni empêcher d'éclater : que cette femme est grande ! qu'elle est estimable ! et quel est le mari assez dépourvu de sentiment et de raison pour ne pas céder enfin à tant de vertu ?

Ce triomphe, le plus glorieux pour une femme, fut celui de Vincentine Lomelin, cette illustre Génoise, fondatrice des Annonciades-Célestes, dont nous avons déjà loué ailleurs la charité bienfaisante. Mariée avec

Etienne Centurion, gentilhomme de Gênes, elle trouva, dit l'historien de sa vie, au commencement de son mariage, plus d'épines que de roses. Quoique son mari eût beaucoup d'estime et d'affection pour elle, il la fit extrêmement souffrir, parce qu'il était naturellement prompt et colère, difficile à contenter, trouvant à redire à tout ce qu'elle disait ou faisait, et souvent sans en avoir aucun sujet, ainsi qu'il l'avouait lui-même. Elle ne lui opposa que la patience, la douceur, la complaisance, qui le firent enfin rougir de ses humeurs et de ses brusqueries : il reconnut que sa femme, toujours égale, toujours prévenante, ne méritait que sa tendresse. Bientôt le calme et la paix succédèrent aux tempêtes et aux querelles. Chérie et respectée de son époux, elle eut encore le bonheur de le voir, comme elle, se donner tout entier à Dieu, et partager ses bonnes œuvres et ses pieux exercices.

Le support des défauts du prochain est une des vertus les plus utiles dans la vie. Obligés de vivre avec des personnes d'humeurs si différentes, nous serions les êtres les plus malheureux si nous ne savions plier notre caractère. Notre indulgence à supporter les autres nous rendra nous-mêmes les plus supportables; et en cédant nous serons victorieux, car nous désarmerons la haine et la malignité.

Le maréchal de la Ferté, voulant donner du chagrin à Turenne, roua de coups un de ses gardes, qui ne manqua pas d'en porter ses plaintes à son maître. « Vous êtes un fripon et un coquin, lui dit Turenne ; M. de la Ferté ne vous eût pas frappé si vous ne l'aviez mérité. » Il le fit mener ensuite à M. de la Ferté pour s'en faire telle justice qu'il souhaiterait. Le maréchal, qui, par cette action, ne put s'empêcher de reconnaître la prudence de Turenne, dit dans une espèce de dépit contre lui-même : « Morbleu ! cet homme sera-t-il toujours sage, et moi toujours fou ? »

C'est que Turenne avait encore, dans une autre occasion, fait éclater sa modération et sa sagesse à l'égard du même maréchal. Un jour qu'il se préparait à attaquer les lignes d'une place assiégée, il trouva qu'il lui manquait quelques outils; et se souvenant que M. de la Ferté, qui commandait avec lui, en avait de superflus, il lui en envoya demander par un de ses gardes. Celui-ci revint fort troublé, rapportant plusieurs choses désagréables que ce maréchal lui avait dites en refusant de donner des outils. Turenne, se tournant vers les officiers qui étaient près de lui, « Puisqu'il est en colère et de mauvaise humeur, dit-il, il faudra nous en passer et faire comme si nous les avions. » Il attaqua les lignes, les força, et eut toute la gloire du succès, qui ne le vengea pas moins du maréchal jaloux que la modération qu'il avait fait paraître.

Soyez des malheureux le plus solide appui.

Les grands doivent aux petits et aux faibles l'appui de leur autorité et de leur puissance; les riches doivent aux pauvres et aux malheureux l'appui de leur crédit et de leurs richesses. Nous avons déjà eu lieu de parler ailleurs de cette double obligation que la loi divine et naturelle leur impose; mais on ne saurait trop remettre sous les yeux les devoirs qu'on se plaît si souvent à oublier ou à méconnaître. Puisse le nouveau jour sous lequel nous allons tâcher de les présenter, faire encore plus d'impression et achever de gagner à l'unanimité des cœurs qu'elle réclame !

Le souverain Maître des hommes a voulu qu'il y eût des grands et des petits, des hommes qui commandassent et des hommes qui obéissent, parce que la subordination est nécessaire au maintien de la société, et qu'une indépendance totale serait une source continuelle d'usurpations et de meurtres; mais il a tempéré cette inégalité si grande qui se trouve entre les conditions, en voulant que l'avantage qu'on a d'être au-dessus du commun des hommes ne fût qu'un engagement à être tout entier pour eux.

Si nous sommes obligés d'être les soutiens de tous les malheureux qui nous sont unis par les liens communs de la nature, que ne devons-nous pas à ceux qu'elle a unis à nous par les liens du sang! O vous qui aspirez au beau titre d'honnête homme et à remplir les obligations qu'il impose, secourez ceux de vos parents qui se trouvent avoir besoin de vous; soulagez-les dans leur misère, consolez-les dans leurs peines. Ne souffrez pas qu'ils aient pensé vainement que vous leur seriez moins dur que le commun des hommes, et qu'ils aient mis inutilement leur espoir en vous.

Nous avons dans notre cœur des ennemis de nos parents qui se trouvent dans le cas d'avoir besoin de nous : notre dureté et notre orgueil. Par dureté, nous abandonnons un parent malheureux à sa mauvaise fortune, mais nous ne tardons pas à en être punis. Ce parent délaissé nous déshonore; ou s'il fait fortune par l'entremise d'une main étrangère, il laissera ses biens à des étrangers, et ne reconnaîtra ni nous ni les nôtres. Dans l'état florissant de notre prospérité, nous refusons par orgueil d'avouer un parent honnête qui nous réclame, et nous craignons de lui tendre la main; mais nous tomberons à notre tour, et nous ne serons relevés ni secourus par personne. Nous resterons ensevelis sous notre ruine, et ceux qui auront été témoins de notre conduite orgueilleuse applaudiront à la vengeance divine.

Homme droit, obligez vos parents par justice et par bonté de cœur : c'est votre sang. Homme prudent, secourez-les par précaution : vous pourrez un jour avoir besoin d'eux. Homme dur, aidez-les par politique, de crainte qu'ils ne vous déshonorent par leur conduite ou qu'ils ne vous couvrent de confusion par leurs plaintes, et par leurs reproches.

Nous supposons ici que ceux qui vous réclament ont une conduite sage et réglée. Car, si ce sont d'indignes sujets dont la vie est une espèce de déshonneur pour votre famille, refusez-leur, à moins qu'ils ne se trouvent dans une extrême nécessité, tout secours, tout service; n'ayez plus avec eux ni commerce ni liaison qui ne soient absolument indispensables. Mais s'ils ne sont que pauvres ou malheureux, ne rougissez pas de les secourir; hâtez-vous de le faire, ne souffrez pas qu'un autre vous prévienne et vous enlève cette gloire. Imitez le riche et vertueux Booz, en qui la sage Ruth trouva un consolateur charitable, un protecteur déclaré, un digne et puissant époux.

L'histoire de Portugal nous fournit aussi un trait bien héroïque de l'amour qu'on doit avoir pour ses proches. En 1583, des troupes portugaises qui passaient dans les Indes firent naufrage. Une partie aborda dans le pays des Cafres, et l'autre se mit à la mer sur une barque construite des débris du vaisseau. Le pilote, s'apercevant que le bâtiment était trop chargé, avertit le chef, Édouard de Mello, qu'on allait couler à fond si l'on ne jetait dans l'eau une douzaine de victimes. Le sort tomba entre autres sur un soldat qui avait aussi son frère dans la même barque. Celui qui avait échappé au sort était le plus jeune. Il tomba aux genoux de Mello et demanda avec instance de prendre la place de son aîné. « Mon frère, dit-il, est plus capable que moi de nourrir mon père, ma mère, mes sœurs; s'ils le perdent, ils mourront tous de misère. Conservez-leur la vie en conservant la sienne, et faites-moi périr, moi qui ne puis leur être d'aucun secours. » Mello y consent et le fait jeter à la mer. Le jeune homme suit la barque pendant six heures; enfin il la rejoint. On le menace de le tuer s'il tente de s'y introduire; mais l'amour de la conservation l'emporte sur la menace, et il s'accroche au bâtiment. On voulut le frapper avec une épée : il la saisit et la retint jusqu'à ce qu'il fût entré. Sa constance toucha tout le monde : on lui permit enfin de rester avec les autres, et il parvint ainsi à sauver sa vie et celle de son frère.

« Le véritable ami, dit l'Ecriture, aime en tout temps, et le frère se connaît dans l'affliction. » Soyez le frère et l'ami de tous les malheureux qui ont besoin de votre secours et qui l'implorent. Tâchez de leur faire par les autres le bien que vous ne pouvez faire par vous-même. C'est être bienfaisant et charitable que d'engager les gens riches à l'être : on participe à leur mérite et à leur gloire, on partage leur bonheur. La ville de Verdun ayant été ruinée par les guerres, et ses habitants réduits à la pauvreté la plus extrême, Didier, qui en était évêque, demanda des secours à Théodebert, roi d'Austrasie, sous la domination duquel était cette ville. Ce prince lui envoya sept mille sous, somme considérable pour ce temps-là : elle fut distribuée aux marchands. Le commerce se ranima, et les fortunes des particuliers se relevèrent. L'évêque reporta la somme au roi, qui refusa de la prendre, et dit à Didier ces belles paroles : « Nous sommes heureux tous deux : vous, de m'avoir fourni l'occasion de secourir mes pauvres sujets, et moi, de ne l'avoir pas manquée. »

CHAPITRE X

Du bien qu'on vous a fait soyez reconnaissant.

La reconnaissance est un devoir sacré, non-seulement à l'égard de nos parents, mais encore à l'égard de tous ceux qui nous ont fait du bien. Il n'y a pas de loi pour punir l'ingratitude ; mais elle porte avec elle un tel caractère de bassesse, qu'on stigmatise un homme en le flétrissant de ces mots : C'est un ingrat.

Pourtant l'ingratitude, malgré le cachet d'infamie qu'elle imprime, est un vice aussi commun qu'il est déshonorant. Non-seulement il est des hommes qui oublient les bienfaits dont ils ont été comblés, mais il s'en trouve qui, méritant plutôt le nom de monstre que celui d'homme, tournent contre leurs bienfaiteurs les bienfaits qu'ils en ont reçus. Ces hommes indignes, quand leur conduite est connue, sont souvent punis même en ce monde, en attendant la vengeance céleste qui ne leur fera pas défaut dans l'autre.

« Le malheur, dit l'Écriture, ne sortira jamais de la maison de celui qui rend le mal pour le bien. » Il est rapporté dans l'histoire générale des voyages, qu'un roi de Mandoa, ville de l'Indoustan, étant tombé dans une rivière, en fut heureusement retiré par un esclave, qui s'était jeté à la nage et l'avait saisi par les cheveux.

Son premier soin, en revenant à lui, fut de demander le nom de celui qui l'avait retiré de l'eau. On lui apprit aussitôt l'obligation qu'il avait à l'esclave, dont on ne doutait pas que la récompense ne fût proportionnée à un si grand service : mais il lui demanda comment il avait eu l'audace de mettre la main sur la tête de son prince ; et sur-le-champ il le fit mourir. Une autre fois ce même prince, étant assis, dans l'ivresse, sur le bord d'un bateau, se laissa encore tomber dans l'eau. Une femme, qui se trouvait là, pouvait aisément le sauver, mais elle le laissa périr. Comme on lui en faisait des reproches, « Je me suis souvenue, dit-elle, de l'histoire du malheureux esclave. »

Il n'est pas de devoir plus doux à remplir que celui de la reconnaissance. Elle dilate le cœur ; elle ôte cette amertume que donne souvent la triste nécessité où on se trouve d'être obligé, pour ne laisser que le souvenir du bienfait. Pourquoi donc si peu de personnes pratiquent-elles une si belle vertu, quand de pauvres animaux en donnent souvent de si touchants exemples ? Le trait suivant, rapporté dans l'histoire des croisades, en offre une preuve bien attendrissante.

Geoffroi de la Tour, gentilhomme limousin, distingué par sa valeur et par son intrépidité, allant en parti, ouït l'effroyable rugissement d'un lion qui semblait se plaindre de quelque grand mal. L'intrépide Geoffroi, par un mouvement de sa générosité naturelle, s'enfonce aussitôt dans le bois, malgré la résistance de ses compagnons qui voulaient l'arrêter. Il court vers l'endroit où il continuait d'entendre le rugissement, et voit qu'un horrible serpent, d'une prodigieuse grandeur, ayant entortillé les jambes et le corps d'un lion, l'avait mis hors d'état de se défendre et lui dardait à grands coups redoublés sa langue pour le tuer de son venin. Il fut touché du danger du lion ; et, sans songer qu'en le délivrant il lui laissait la liberté de se jeter sur lui, il donne de son épée si à propos sur le serpent qu'il le tue, et, sans blesser le lion, il coupe les liens dont il était embarrassé. Alors ce pauvre animal, se voyant libre et reconnaissant l'auteur de sa délivrance, vint lui en rendre grâces de la manière la plus expressive et la plus soumise qu'il put, en le flattant et en lui léchant les pieds. Depuis ce temps-là, il s'attacha toujours à lui comme à son généreux défenseur à qui il devait la vie; il ne voulut plus jamais l'abandonner; il le suivit partout comme un chien fidèle, sans offenser personne que les ennemis sur lesquels il lui faisait signe de se jeter : car ce lion allait toujours avec lui au combat et à la chasse, et il ne manquait pas de le pourvoir abondamment de gibier. Mais ce qu'il y a de plus admirable, c'est que le maître du vaisseau sur lequel Geoffroi retourna en France après la croisade, n'ayant jamais voulu souffrir, non plus que tous ceux de l'équipage, que le lion y entrât, cette pauvre bête, désespérée de se voir séparée de son bienfaiteur, se jeta dans la mer, nageant toujours après le vaisseau, jusqu'à ce que, les forces lui manquant, elle se noyât.

Il est une fausse reconnaissance comme il est une fausse amitié. On connaît l'une et l'autre quand on n'a plus rien à donner. Pensons plus noblement; soyons reconnaissants parce que nous devons l'être. Quand même nos bienfaiteurs auraient gâté, par la bassesse de leurs vues (car il est des bienfaits intéressés), gâté, dis-je, leurs dons et leurs services, publions hautement le bien qu'ils nous ont fait, et cherchons avec empressement à nous en acquitter envers eux.

Mais si le désir de nous obliger a seul été le principe des bienfaits que nous avons reçus, comme ces terres fertiles qui rendent au centuple ce qu'elles reçoivent dans leur sein, faisons pour nos bienfaiteurs tout ce dont nous sommes capables, et s'il le fallait même, ne mettons pas de bornes à nos sacrifices.

Le chevalier de Forbin, célèbre capitaine de mer sous le règne de Louis XIV, et qui nous a laissé des mémoires très-curieux, rapporte que Louis XIV ayant chargé Duquesne de bombarder la ville d'Alger, ces corsaires, désespérés de ne pouvoir éloigner de leurs côtes la flotte ennemie qui les foudroyait, prirent, pour s'en venger, l'horrible résolution d'attacher à la bouche de leurs canons des esclaves français dont les membres étaient portés sur les vaisseaux des assiégeants. Un capitaine algérien, qui avait été pris dans ses courses et très-bien traité par les Français tout le temps qu'il avait été prisonnier, reconnut, parmi ceux qui allaient subir le sort affreux que la rage avait inventé, un officier dont il avait éprouvé les attentions les plus marquées. A l'instant il prie, il sollicite, il presse pour obtenir la conservation de son bienfaiteur : tout fut inutile. On allait mettre le feu au canon où l'officier français était attaché : l'Algérien se jette aussitôt sur lui, l'embrasse étroitement et, adressant la parole au canonnier, lui dit : « Tire ! puisque je ne puis sauver mon bienfaiteur, j'aurai du moins la consolation de mourir avec lui. » Le dey, qui était présent à cette scène touchante, en fut si frappé qu'il accorda la grâce de l'officier.

Montrez-vous généreux, humain et bienfaisant.

La générosité, l'humanité, la bienfaisance sont sœurs, filles de la charité, et toutes nous portent à faire du bien à nos semblables. Mais elles ont toutes en particulier tant de charmes, qu'il est bon de considérer les exemples touchants que chacune nous donne dans les doux fruits qu'elle a portés.

La générosité élève l'homme au-dessus de lui-même en ce qu'elle lui fait préférer l'intérêt des autres à son propre avantage. Danès, évêque de Lavaur, député à Paris par le clergé de sa province, refusa la somme qui lui fut allouée pour ce voyage. « Le revenu de mon évêché me suffit, dit-il. La moindre chose que je puisse faire pour les églises de mon diocèse, c'est bien d'entreprendre quelques voyages pour leur service. »

Sous le règne de Henri III, roi de France, un juif très-riche étant mort sans laisser d'héritiers, ce prince fit présent de vingt-cinq mille écus de cette aubaine à Geoffroi Camus de Pontcarré. Ce généreux citoyen les distribua aussitôt à trois négociants associés, qu'un incendie venait de ruiner.

Rien n'égalait la générosité de Sixte-Quint lorsqu'il s'agissait de soulager la misère du peuple; mais s'élevant au-dessus du faste, en sacrifiant l'appareil de la grandeur personnelle aux intérêts des malheureux, il était si ménager pour sa personne qu'il portait des chemises usées, et l'on était souvent obligé d'y mettre des pièces. Camille, sa sœur, lui ayant un jour représenté qu'il était honteux à un Souverain-Pontife de porter de méchant linge, il lui répondit en riant : « Notre élévation, ma sœur, ne doit pas nous faire oublier le lieu d'où nous sommes sortis : les pièces et les lambeaux sont les premières armes de notre maison. »

La générosité consiste moins encore à donner beaucoup qu'à savoir donner à propos. La prodigalité jette l'or à tout venant, et n'est qu'une générosité fausse ou mal réglée.

Le fidèle ami d'un gentilhomme le voyait avec douleur ouvrir libéralement sa bourse à tous ceux qui prenaient auprès de lui le nom d'amis. On peut penser qu'il en avait beaucoup. Dans le dessein de prévenir la ruine prochaine du gentilhomme, il vint le trouver, et feignit d'avoir un extrême besoin de 200 pistoles. Son généreux ami lui promet cette somme, et court aussitôt chez tous ceux à qui il avait ouvert sa bourse. Deux jours entiers de courses lui rapportèrent seulement 9 ou 10 pistoles, recueillies à grand'peine chez ses prétendus amis. Il le dit avec un violent chagrin à celui qu'il ne pouvait obliger. « Bannissez toute peine, lui répondit-il, et calmez à l'instant toute votre inquiétude ; je ne suis point en défaut d'argent, et je n'en ai aucun besoin. J'ai eu recours à cette feinte, pour vous dessiller les yeux et vous convaincre, par votre propre expérience, que vous ne devez pas donner si facilement votre argent à tout le monde. »

Mais si nous devons éviter la prodigalité, nous ne devons pas moins redouter l'avarice. C'est un vice bas et dégradant qui ne se trouve jamais dans une âme noble et bonne. L'homme généreux se ruine quelquefois par sa libéralité ; mais l'avare qui craint un écueil, vient briser son salut contre un autre ; il ne donne rien, de peur de s'appauvrir ou d'être payé d'ingratitude, et il ne faut pas s'en étonner : comment pourrait être bon pour les autres celui qui ne l'est pas pour lui-même ? S'il lui arrive quelquefois d'être forcé par les circonstances à être libéral, que de regrets ne lui coûte pas sa fausse générosité ! Combien de fois ne se la reproche-t-il pas en secret ! Souvent même son avarice ne peut se déguiser ; elle se décèle par quelques traits de mesquinerie qui lui échappent et qui lui ôtent tout le mérite de sa libéralité. Sa réputation même dépose contre lui. L'abbé Régnier, secrétaire de l'Académie française, y faisait un jour dans son chapeau la collecte d'une pistole, qu'on avait invité chaque membre à fournir pour quelque dépense commune. Cet abbé, ne s'étant pas aperçu que le président Rose, qui passait pour être fort avare, eût mis dans le chapeau, le lui présenta une seconde fois. Celui-ci, comme on s'y attend bien, assura qu'il avait donné. « Je le crois, dit l'abbé Régnier, mais je ne l'ai point vu.

— Et moi, ajouta Fontenelle, qui était à côté, je l'ai vu, mais je ne le crois pas. »

Ne vous donnez jamais une réputation si ridicule ;

vingt traits de libéralité n'effaceraient pas la tache d'un
seul trait d'avarice. Soyez généreux dans toutes les occasions où il convient de l'être. Mais souvenez-vous que ce
ne doit jamais être au préjudice de qui que ce soit. La
générosité cesse d'être vertu dès qu'elle n'a pas la justice
pour compagne.

Humain. L'humanité nous porte à regarder tous les
hommes comme nos frères, et à leur faire le plus de
bien que nous pouvons, quand ils ont besoin de nous.
Cette aimable vertu est fondée sur la nature, qui nous
incline à nous intéresser en faveur de nos semblables. Il
suffit qu'une personne paraisse émue et affligée pour
nous émouvoir et nous attendrir en sa faveur. Les
alarmes d'un inconnu nous touchent avant même que
nous en sachions la cause; et les cris d'un homme qui
ne tient à nous que par l'humanité, nous font courir à
son secours par un mouvement naturel qui précède toute
délibération.

Un cœur humain est en quelque sorte plus touché
du mal d'autrui que du sien propre. Après la bataille de
Dettingen, un mousquetaire français, dangereusement
blessé, avait été porté près de la tente du duc de
Cumberland, fils du roi d'Angleterre. On manquait de
chirurgiens dans ce moment, parce qu'ils étaient fort
occupés ailleurs : et l'on allait panser le prince, à qui
une balle avait percé les chairs de la jambe. « Com-
mencez, dit-il, par soulager cet officier français, il est
plus blessé que moi ; il manquerait de secours, et je n'en
manquerai pas. » Cette belle action ne fit pas moins
d'honneur à ce jeune prince que la victoire qu'il venait
de remporter.

Le fils d'un riche fermier, marié nouvellement et que
son père avait vainement tâché de racheter, faisait partie
d'un corps de réserve demeuré en Angleterre. Après la
bataille de Fontenoy, on assembla les troupes dans le
parc de Saint-James, pour choisir les meilleurs soldats

et les envoyer en France. Une jeune femme, qui assistait à ce triste choix, intéressait tous les spectateurs par l'expression pleine d'inquiétude de sa physionomie. C'était la femme du jeune fermier. Aussitôt qu'il fut désigné pour être un de ceux qui devaient passer la mer, la jeune femme fondit en larmes, se trouva mal, et dès qu'elle fut revenue, elle alla se jeter aux genoux du capitaine de son mari. Tout le monde pleurait : le capitaine seul était ferme. « Hé bien, disait la malheureuse femme, je le suivrai, je partagerai avec lui tous les périls auxquels il sera exposé. » En disant cela, elle embrassait son mari et couvrait son visage de ses larmes. Tout à coup un jeune homme se présente à l'officier : « Monsieur, lui dit-il, ces jeunes époux s'aiment, ils sont heureux ; je n'ai ni femme, ni père ni enfants : recevez-moi en la place de cet infortuné jeune homme. Je suis fort, vigoureux, et en état de supporter comme lui les fatigues de la guerre.

— Avez-vous du goût pour le service ? lui demanda l'officier.

— Aucun, répondit le jeune homme, et la plus grande récompense ne pourrait même pas me déterminer à prendre le parti des armes. Je n'ai d'autre motif que de rendre service à ce malheureux soldat. » L'officier, étonné et attendri, lui accorda sa demande, fit son engagement, et écrivit le congé du soldat, qui à son tour refusa de le recevoir. Il ne fallut pas moins, pour le déterminer à ce qu'on exigeait de lui, que l'assurance positive que lui donna l'officier, qu'il n'était plus soldat, et l'ordre qu'il lui intima de quitter à l'heure même son habit et ses armes, et de les remettre à celui qui avait pris sa place.

On demande quelquefois si c'est un bonheur d'être né sensible : il vaudrait autant demander si c'en est un d'être né homme. La sensibilité naturelle, il est vrai, si elle se porte vers des objets déréglés, si elle se change en amour-propre ou en fol amour, peut devenir pour les autres et pour nous-mêmes la source de grands malheurs ; mais si nous la rendons l'organe de l'amitié, de la reconnaissance, d'une aimable bienveillance, d'une pieuse humanité, elle nous offre les plus doux plaisirs et les plus délicieuses jouissances. Attachez-vous donc bien à diriger dans les enfants cette pieuse vertu. Qu'ils apprennent à s'occuper plus des autres que d'eux-mêmes ; qu'ils sachent les misères et les douleurs des pauvres et des affligés ; qu'ils vous voient les secourir et mêler vos larmes à leurs larmes. Sans ce soin, vos enfants, portant sur eux-mêmes toute leur sensibilité, deviendront durs, égoïstes, et choisiront pour premières victimes de ces deux vices ceux mêmes qui les auront si mal élevés.

De tous les êtres doués de raison, le plus malheureux, le plus inutile, le plus méprisable, c'est l'homme insensible. Les liens si doux qui l'attachaient à l'univers, son insensibilité les brise. Son amour exclusif de lui-même l'isole de tout autre intérêt que le sien. Sans joies du cœur, sans amis, sans famille, il vit d'une vie tout animale, souffre sans être consolé et meurt sans laisser un regret.

Détournons nos regards et nos pensées d'un si triste sujet, et demandons encore à l'humanité quelques-uns de ses doux et consolants exemples.

Turenne sut mériter le glorieux titre de père des soldats par des traits fréquents d'humanité. Nous n'en rapporterons qu'un. L'armée française faisait une pénible retraite, pendant laquelle Turenne était jour et nuit en action pour mettre les troupes à couvert des insultes des Impériaux. Dans le cours de cette marche, il aperçoit un soldat qui, n'ayant plus la force de se soutenir, s'était jeté au pied d'un arbre pour y attendre la mort. Le général aussitôt descend de cheval, aide le soldat à se relever, lui donne sa monture, et l'accompagne lui-

même à pied jusqu'à ce qu'il eût pu joindre les chariots
où il le fit placer. Cette bienveillance, qui donnait un
grand éclat de ses vertus militaires, lui avait mérité l'a-
mour de toute son armée.

En 1661, il y eut une longue et cruelle famine à Paris.
Un soir des grands jours d'été, M. de Sallo, conseiller au
parlement et premier auteur du plus ancien de tous les
journaux, celui des savants, venait de se promener,
suivi seulement d'un petit laquais. Un homme l'aborde
au coin d'une rue, lui présente un pistolet, et lui demande la bourse, mais en tremblant lui-même plus que
celui à qui il la demandait. « Vous vous adressez mal,
lui dit M. de Sallo, je ne vous ferai guère riche ; je n'ai
que trois pistoles que je vous donne très-volontiers. » Il
les prit, et s'en alla sans lui rien demander davantage.
Quand il fut parti, M. de Sallo donna ordre à son laquais
de suivre adroitement cet homme-là, d'observer le mieux
qu'il lui serait possible où il se retirerait, et de venir lui
en rendre compte. Le laquais suivit le voleur dans trois
ou quatre petites rues, et le vit entrer chez un boulanger, où il acheta un pain. A dix ou douze maisons plus
loin, il entra dans une allée et monta à un quatrième
étage. En arrivant chez lui, il jette son pain au milieu
de la chambre, et dit à sa femme et à ses enfants : « Man-
gez, voilà un pain qui me coûte cher, rassasiez-vous-en ;
un de ces jours je serai perdu, et vous en serez cause. »
Sa femme, qui pleurait, l'ayant apaisé le mieux qu'elle
put, ramasse le pain et en donne à quatre petits enfants
qui mouraient de faim. Le laquais, qui avait pris ses
précautions pour n'être pas aperçu, ayant su tout ce
qu'il voulait savoir, retourna vers son maître après avoir
bien remarqué la maison et la rue. Le lendemain dès
cinq heures du matin, M. de Sallo alla où son laquais
le conduisit, et s'informa qui était celui qui logeait au
quatrième étage. On lui répondit que c'était un cordonnier, bon homme et bien serviable, mais chargé de

famille, et si pauvre qu'on ne pouvait l'être davantage. Il monte chez l'homme qu'il cherchait, et heurte à la porte. Dès qu'on lui eut ouvert, il fut frappé du spectacle qui se présenta : une femme couverte de haillons qui tombaient en lambeaux, quatre petits enfants ensevelis dans la paille qui leur servait de lit et d'habit, un homme dont l'air pâle et l'habillement déchiré annonçaient la triste état. Le chef de cette misérable famille reconnut celui qu'il avait volé la veille. Il se jette à ses pieds, lui demande pardon et le conjure de ne pas le perdre ; il lui avoue que le travail lui ayant manqué, qu'il avait tout vendu, lits, habits, linge, pour nourrir sa femme et ses enfants, et qu'il avait fait la veille son premier vol, afin de ne pas périr de faim. « Ne faites point de bruit, lui dit M. de Sallo ; je ne viens pas ici pour vous perdre ; je sais que vous êtes cordonnier. Tenez, voilà trente pistoles que je vous donne : achetez des cuirs, travaillez à gagner la vie de vos enfants; je ne vous abandonnerai pas tant que j'apprendrai que vous travaillez en honnête homme.

Bienfaisant. A l'exemple de son divin Maître, l'homme qui a dans le cœur la douce vertu que nous vantons, passe partout en faisant le bien. Comme la rosée que le ciel envoie, la bienfaisance vérifie tout ce qu'elle approche, et ne voit des pauvres que pour les secourir, des cœurs tristes que pour les consoler, des âmes abattues que pour les relever.

Pratiquons donc cette vertu toute aimable. Cherchons surtout les malheureux qui se cachent, souffrent et meurent souvent sans demander. Quel heureux moment pour vous que celui où vous pourrez essuyer leurs larmes et répandre la joie dans leur cœur! Quelle bénédiction, quelles actions de grâces, quelle vive reconnaissance de la part de ceux qu'on a ainsi secourus, consolés ! Est-il sur la terre un plaisir plus délicieux, plus digne de l'homme, que de gagner le cœur des autres hommes et d'en recevoir les doux témoignages ?

« Un ministre, dit le poëte Sadi, était bienfaisant. Un jour, il déplut au prince, et il fut mis en prison ; mais le peuple sollicita sa délivrance : les gardes lui rendaient sa prison agréable ; les courtisans mêmes parlaient au roi de ses vertus, et le roi lui pardonna. « Vendez, ajoute Sadi, le jardin de votre père, pour en acheter un seul cœur. Brûlez les meubles de votre maison, si vous manquez de bois pour préparer le repas de votre ami. Faites du bien à vos ennemis, faites-leur des présents ; ne menacez pas le chien qui aboie, jetez-lui un morceau de pain. »

C'est calomnier l'humanité que de dire : Tous les hommes sont ingrats. Non, il est encore des cœurs qui battent de reconnaissance au souvenir d'un bienfait reçu, et qui donneraient leur vie pour l'âme généreuse qui leur a fait l'aumône du pain ou du travail qui le procure. Bénis soient ces hommes bienfaisants qui sont intelligents sur les besoins du pauvre ! Mais dût la bienfaisance faire autant d'ingrats que d'heureux, donnons toujours. Dieu compte du haut du ciel, et il prépare aux cœurs généreux, humains, bienfaisants, une couronne impérissable, un bonheur sans fin, une gloire éternelle.

CHAPITRE XI

Donnez de bonne grâce : une belle manière
Ajoute un nouveau prix au bienfait qu'on veut faire.

C'est donner deux fois que de donner vite ; mais c'est faire un présent plus de cent fois que de le faire de bonne grâce. Un mathématicien qui accompagnait le roi de Prusse à la guerre, fut fait prisonnier à la bataille de Molwits, et conduit à Vienne. Le grand-duc de Toscane, qui fut depuis empereur sous le nom de François Ier, voulut voir un homme qui avait une si grande réputation. Il le traita avec estime, et lui demanda s'il ne regrettait pas quelqu'un des effets que les hussards lui avaient enlevés. Le savant, après s'être fait longtemps presser, avoua qu'il aurait voulu sauver une excellente montre de Graham, dont il se servait pour ses observations astronomiques. Le grand-duc, qui en avait une du même horloger, mais enrichie de diamants, dit au mathématicien français : « C'est une plaisanterie que les hussards ont voulu faire ; je vous la rends. » Il n'était guère possible de faire un présent d'une manière plus ingénieuse et plus obligeante.

C'est sottise de donner de mauvaise grâce. Le plus difficile est de donner : que coûte-t-il d'y ajouter un sourire ? En faisant du bien, ne faites point de reproches ;

et quand vous obligez, que votre visage et vos paroles
obligent encore plus. La tristesse de celui qui donne
offense celui qui reçoit et ôte tout le prix du bienfait.
Quelqu'un se plaignait que le cardinal Mazarin donnait
de mauvaise grâce : « On a tort de se plaindre, dit le
comte Bussi ; on est plus obligé à ce ministre qu'aux
autres, car en donnant il décharge de la reconnaissance. »

Si pourtant vous ne pouvez accorder ce que l'on vous
demande, que votre refus soit toujours plein de douceur et de politesse. Cette manière de refuser équivaut
presque à un bienfait. Un refus obligeant gagne plus le
cœur qu'une grâce même accordée à force de prières.
Celui qui demande et qui n'obtient pas, est doublement
humilié. Il y a de la cruauté à y joindre des paroles mé-
prisantes, des railleries amères ou de mauvaises façons ;
c'est vouloir se faire des ennemis et s'exposer à entendre
quelquefois des vérités désagréables, ou au moins à
faire monter vers Dieu les plaintes du malheureux dont
on a brisé le cœur. Paraissez plus fâché du refus que
vous faites que n'en pourrait être triste l'infortuné qui
perd l'espoir dont il s'était bercé, et si vous n'avez pu
le secourir, vous l'aurez au moins consolé.

Ceux qui sont dans le cas d'accorder beaucoup, se
trouvent aussi dans la nécessité de refuser souvent. Mais
une parole honnête et polie est une grâce dont ils ne
doivent pas être si avares, puisqu'ils sont toujours les
maîtres de l'accorder. Louis XIV y manquait rarement ;
et si ses refus avaient eu quelque chose de désagréable,
il savait mieux que personne les réparer.

> Rappelez rarement un service rendu :
> Tout bienfait qu'on reproche est un bienfait perdu.

Une âme généreuse ne perd jamais la mémoire du
bien qu'elle a reçu, mais elle oublie celui qu'elle a fait;

elle croirait en perdre le mérite et la gloire, si elle les remettait sous les yeux de celui qu'elle a obligé; ce souvenir n'est honorable et ne convient qu'à lui.

La récompense de l'homme bienfaisant est dans son cœur, parce que l'ingratitude de ceux qu'il s'est plu à secourir ne peut lui ôter la certitude d'avoir rempli un devoir et pratiqué une vertu.

Celui qui reproche ses bienfaits montre qu'il n'a rendu service que par intérêt ou par vanité. Il y a des gens qui se plaisent à vous dire sans cesse qu'ils vous ont fait ce que vous êtes. Est-il rien de plus cruel? et ne s'ôte-t-on pas par là tout droit à la reconnaissance?

Quelqu'un reprochait à une personne qu'elle lui devait tout ce qu'elle était. « Cela était vrai il n'y a qu'un moment, reprit l'autre; mais à présent, cela ne l'est plus.»

S'il y a de la dureté et peu d'honneur à reprocher le bien que nous avons fait, il est quelquefois permis de le rappeler, pour engager à la reconnaissance qu'on doit avoir et qui nous est devenue nécessaire. Un soldat romain allait être jugé par l'empereur: « Prince, lui dit-il, reconnaîtriez-vous le soldat qui, pour éteindre l'ardeur de votre soif, vous apporta de l'eau d'une fontaine?

— Oui, lui répondit l'empereur, mais ce n'est pas toi.

— Vous avez raison de ne pas me reconnaître, répliqua le soldat, car j'ai perdu, depuis ce temps-là, un œil en combattant pour vous. » L'empereur, l'ayant envisagé avec plus d'attention, reconnut ses traits et le récompensa.

> Ne publiez jamais les grâces que vous faites;
> Il faut les mettre au rang des affaires secrètes.

La vraie bienfaisance aime le secret. Elle ressemble à ces grands fleuves qui se retirent en silence des terres sur lesquelles ils ont porté la fertilité et la richesse.

Que celui que vous avez secouru l'ignore, s'il se peut.
N'imitez pas ces bienfaiteurs orgueilleux qui publient
partout quelques actes de générosité que l'ostentation leur
a fait faire, et qui sonnent de la trompette afin que
toute la terre sache le bien qu'ils ont fait à des malheureux. Que leur orgueil rend leurs bienfaits redouta-
bles et quelquefois humiliants ! Qu'ils apprennent, du
beau trait suivant, la manière dont les âmes vraiment
généreuses aiment à faire le bien.

Grimaldi, célèbre peintre et graveur italien, aussi distingué par la noblesse de ses sentiments et par sa générosité bienfaisante que par ses talents, apprit l'état
misérable d'un gentilhomme sicilien qui était logé près
de lui. Il alla plusieurs fois jeter de l'argent en secret
dans sa chambre. Mais le gentilhomme, ayant guetté
son bienfaiteur et l'ayant surpris, se jeta à ses pieds
plein de reconnaissance. Grimaldi lui dit en le rele-
vant : « J'aurais goûté doublement du plaisir de vous
avoir obligé, si j'avais pu vous épargner la peine de
m'en être redevable. »

Ce n'est pas toujours qu'il faille couvrir des voiles du
secret les fruits de sa bienfaisance. On doit, pour
l'édification, pour l'exemple, les laisser quelquefois,
pour ainsi dire, percer d'eux-mêmes et paraître au grand
jour. Mais ce qu'on doit éviter, c'est l'ostentation, qui
veut tout faire avec éclat, sans discerner les circonstances où la libéralité elle-même demande à être connue
de celles où elle veut qu'on épargne aux malheureux la
honte de recevoir. Voulez-vous savoir comment il faut
donner? mettez-vous à la place de celui qui reçoit. Le
fameux médecin Dumoulin ayant été appelé dans un
couvent pour une jeune demoiselle d'une très-grande
naissance mais fort pauvre, on lui en fit l'aveu en tremblant, dans la crainte que n'étant pas payé il ne revînt
plus. Il revint cependant, et il laissa un rouleau de dix
louis d'or, afin que d'une partie de cet argent on pût le

payer, et que les assistants ne s'aperçussent pas de l'insuffisance des moyens de la malade.

La bienfaisance ressemble à ces parfums précieux qui s'évaporent dès qu'on les découvre. Vous faites bien : voulez-vous faire mieux? que je ne sache pas que vous faites bien, ou que je ne vous soupçonne pas du moins de me l'avoir appris. Pourquoi appeler en confidence un tiers entre le Ciel et vous? Léopold, ce prince bienfaisant dont nous avons déjà souvent parlé, aimait à faire du bien sans qu'on le sût. Un gentilhomme qui ne lui avait jamais rien demandé, quoiqu'il fût dans le besoin, jouait avec lui et gagnait beaucoup. « Vous jouez bien malheureusement, dit-il au prince, ne serait-ce pas un effet de votre bonté?

— Jamais, répondit Léopold, la fortune ne m'a mieux servi, mais je devais seul m'en apercevoir. »

La fête que la ville de Paris donna en 1770 sur la place Louis XV, au sujet du mariage de Louis XVI alors dauphin, avec Marie-Antoinette d'Autriche-Lorraine, fut terminée, comme on sait, par un désastre affreux où cent trente-deux personnes périrent et un grand nombre furent blessées. Dans le moment même qu'on faisait au jeune dauphin le récit de ce funeste accident, on lui apporta six mille livres que le roi lui donnait tous les mois pour ses menus plaisirs. Un de ses valets de chambre allait serrer cet argent. Le prince lui ordonna de le mettre dans une boîte et d'appeler un page. Il écrivit ensuite quelques lignes; et après avoir cacheté son billet, il le donna avec la boîte à un page, pour le porter en diligence à M. de Sartine, lieutenant général de police, avec ordre de garder sur cette commission le plus grand secret, et de rapporter à lui seul la réponse du magistrat. Il lui écrivait qu'il avait appris le malheur arrivé à son occasion; qu'il en était pénétré, et qu'il lui envoyait, pour secourir les plus malheureux, ce que le roi lui donnait tous les mois pour ses menus plaisirs, ne pouvant disposer que de cela. Quand le page fut revenu avec la réponse de M. de Sartine, le dauphin, après l'avoir lue, la déchira, en jeta les morceaux au feu et rentra dans son cabinet. Heureux les princes qui pensent si noblement! plus heureux encore les peuples qui ont de tels princes!

CHAPITRE XII

Soyez homme d'honneur, et ne trompez personne.
A tous ses ennemis un cœur noble pardonne.

Ce que nous entendons par le mot *honneur* n'est pas,
comme quelques-uns le pensent, une vertu politique, un
simple préjugé : c'est une vertu réelle et morale, dictée
par la vertu même, dont la fonction, pour ainsi dire,
est de veiller sur toutes les autres et de les conserver
dans toute leur pureté. L'honneur, comme ce suc précieux exprimé des fleurs, se forme de ce qu'il rencontre
de plus exquis dans chaque vertu ; et telle est sa délicatesse, que la plus légère tache le ternit. Il est à l'âme ce
que la vie est au corps ; il vivifie toutes nos actions, di-
rige tous nos sentiments, ennoblit la vertu même, flétrit
le vice, donne de l'éclat à la prospérité, console dans
les revers, et soutient l'indigence malheureuse.

L'honneur est comme une seconde providence pour
l'État. Il commande la sainteté aux pontifes, la valeur
aux guerriers, la justice aux magistrats, l'émulation aux
talents utiles, la pudeur au sexe. Il prescrit la bonne
foi dans le commerce, et couvre de honte le plus faible
soupçon dans le maniement des deniers publics. Il invite
le soldat au combat, et paie le prix de son sang avec

de la gloire. Il s'agissait, au siége d'une ville, de reconnaître un point d'attaque. Le péril était presque inévitable ; cent louis étaient assurés à celui qui pourrait en revenir. Plusieurs braves y étaient déjà restés. Un jeune homme se présente : on le voit partir à regret ; il reste longtemps, on le croit tué ; mais il revient, et fait également admirer l'exactitude et le sang-froid de son récit. Les cent louis lui sont offerts. « Vous vous moquez de moi, mon général, lui dit-il ; va-t-on là pour de l'argent ? » L'éloge et la gloire sont la seule récompense digne de la valeur. Ce n'est pas avec de l'or qu'il faut payer ce que l'honneur seul peut et doit acquitter.

Mais plus ce sentiment est beau, plus on doit craindre de le corrompre, de le rendre même condamnable en ne se proposant pour fin que l'estime des hommes et la gloire mondaine. Ce brillant fantôme fut l'objet des vœux et des poursuites des plus illustres païens, à qui leur religion n'offrait aucun motif plus digne d'une grande âme. Après lui seul courent encore nos philosophes du jour, qui renferment bassement toutes leurs espérances dans les bornes étroites de la vie présente. Mais le philosophe chrétien, dont les vues sont élevées au ciel pour être véritablement homme d'honneur, se fait gloire d'accomplir toute justice, d'être inviolablement attaché à son devoir. D'une conduite irréprochable envers tout le monde, fidèle au secret, esclave de sa parole, prenant la droiture et la probité pour base de toutes ses actions, il voit Dieu en tout, tout en Dieu, et n'écoute que sa conscience.

Le duc de Mayenne écrivit à Matignon, comte de Thorigny, pour l'engager dans le parti de la ligue. Celui-ci lui répondit : « Je croyais être le seul en France qui s'appelât Thorigny ; apparemment qu'il en est un autre à qui votre lettre s'adresse, et que vous espérez engager à sacrifier son honneur aux brillantes offres que vous lui faites. Je ne crois pas que vous l'ayez présumé de moi. »

La plupart des hommes ne connaissent pas bien l'honneur et l'aiment sans le connaître. Ils le font consister à être estimé des autres, sans distinguer la fausse estime de l'estime véritable, et surtout à recevoir avec impatience, ou plutôt avec fureur les outrages qu'on leur fait, résolus d'en tirer vengeance ou de périr. On comprend que nous voulons parler des combats singuliers : usage féroce et extravagant que le faux point d'honneur a su maintenir jusqu'à présent, malgré tout ce que la sévérité des lois, les lumières de la raison, les menaces de la religion ont pu faire pour l'abolir. Il est vrai que la fureur des duels est beaucoup diminuée ; mais il s'en faut bien qu'elle soit entièrement éteinte. Elle souffle encore de temps en temps sa rage dans les cœurs, et c'est ce qui nous engage à en parler ici. Heureux si nous pouvions continuer à abolir jusqu'aux derniers restes de ce préjugé barbare, détromper ceux qu'il a séduits, et les convaincre qu'il n'est pas moins opposé au véritable honneur qu'à la religion.

Non, le duel n'est pas une institution d'honneur, comme le pensent les duellistes, mais une mode affreuse et sanguinaire qui doit sa naissance aux nations féroces du Nord. C'est dans les sombres forêts, dans les montagnes inaccessibles de l'ancienne Germanie, au milieu d'un peuple farouche qu'il faut placer son origine. Une indépendance excessive, triste apanage de la grossièreté d'un gouvernement à peine ébauché, qui, au défaut des lois, autorisait les particuliers à se faire justice par la voie des armes ; un faux point d'honneur, qui faisait regarder l'usage de la force comme le moyen le plus noble de se faire rendre raison et de soutenir ses prérogatives, voilà les vraies causes qui firent naître le duel parmi les anciens Germains. Ces hommes, aussi sauvages que les lieux qu'ils habitaient, s'étant précipités comme un torrent en Italie, en Espagne et dans les Gaules, leur fureur naturelle les y suivit; ils y apportèrent l'usage du duel.

Depuis Henri Ier, les duels furent condamnés par l'autorité royale, mais la fureur de cette coupable action n'en subsista pas moins. En vingt années du règne de Henri IV, sept mille grâces furent données pour des duels où un des adversaires avait perdu la vie. Sous Louis XIII, c'était un spectacle de chaque jour. Enfin Louis XIV, animé du zèle de la religion, et persuadé que ces sortes de combats n'étaient pas moins pernicieux à l'Etat qu'aux particuliers, porta contre le duel un édit foudroyant. A son exemple, et animée du même esprit de religion et du bien public, l'impératrice-reine Marie-Thérèse porta aussi les ordonnances les plus sévères contre le duel. Deux seigneurs de la première distinction ayant osé se battre peu après, on ne put obtenir leur grâce, et ils eurent tous les deux la tête tranchée sur le même échafaud.

Gustave-Adolphe, ce fameux conquérant du Nord, qui a rendu son nom si célèbre dans le dix-septième siècle, apprenant que la fureur du duel commençait à faire de cruels ravages dans son armée, le défendit sous peine de mort. Il arriva, peu de temps après, que deux de ses principaux officiers, ayant pris querelle ensemble, vinrent supplier le roi de leur accorder la permission de se battre. Gustave fut d'abord indigné de la proposition. Il y consentit néanmoins, mais il ajouta qu'il voulait être témoin du combat. Il assigna le lieu et l'heure. Il s'y rendit avec un petit corps d'infanterie, qu'il plaça autour des deux champions. « Allons, ferme, messieurs, leur dit-il, battez-vous maintenant, jusqu'à ce que l'un de vous deux tombe mort. » Et appelant tout de suite le bourreau de l'armée, il lui dit : « A l'instant qu'il y en aura un de tué, coupez devant moi la tête à l'autre. » A ces mots,

les deux généraux restèrent quelque temps immobiles ;
mais, reconnaissant bientôt la faute qu'ils avaient faite,
ils se jetèrent aux pieds du roi, lui demandèrent pardon,
et se jurèrent l'un à l'autre une sincère amitié. Depuis
ce moment, on n'entendit plus parler de duel dans les
armées suédoises.

Eh quoi ! pour un mot, pour une raillerie, pour
une insulte quelquefois même imaginaire, un homme
ira donner la mort à son semblable, priver une famille de son appui, l'Etat d'un bon citoyen, la
patrie d'un de ses plus braves défenseurs ! Quoi ! un
lâche, un calomniateur, un fripon auront cessé de
mériter ces titres dégradants parce qu'ils auront su se
battre ! Un affront sera réparé par un coup d'épée, et
la mort du coupable absout le meurtrier ! N'est-il pas
étonnant que ces fausses maximes trouvent place dans
des esprits droits, et que les familles les plus honorables les professent au lieu de les anathématiser et d'en
rougir ?

Mais ce qui est plus incompréhensible encore, c'est
qu'on a vu des parents non-seulement donner des
leçons de ce faux honneur, mais par leurs instances et
par leurs reproches allumer eux-mêmes ces flammes
homicides, mettre à la main de leurs enfants l'épée
meurtrière, et leur ordonner de se venger ou de périr.
Et c'est dans le sein du christianisme qu'on se porte à
de si horribles excès ! Et ce sont quelquefois des mères
elles-mêmes qui, oubliant la douceur de leur sexe et
toutes les tendresses de la nature, entretiennent en eux
la vengeance, la soif du sang, l'impatience de le répandre, et les traînent, pour ainsi dire, à l'autel san-
glant où ils seront peut-être égorgés !

Vous voulez vous venger. Mais que vous achèterez
cher le plaisir de la vengeance ! Si vous périssez dans
le combat, l'enfer devient votre partage. Il n'y a
qu'un pas entre la mort et vous. D'un seul coup,

peut-être, votre corps va être précipité dans le tombeau, et votre âme dans les feux éternels. Que vous servira alors l'honneur que vous avez voulu conserver ?

Si vous êtes victorieux, quel remords n'éprouverez-vous point tout le reste de votre vie! Pourrez-vous faire un pas sans que l'image de l'ennemi que vous aurez immolé à votre vengeance se présente à vous et vous reproche votre crime? pourrez-vous goûter un moment de repos? La terre, que vous avez arrosée du sang de votre frère, criera vengeance contre vous; son âme, que vous avez précipitée dans l'enfer, cette âme rachetée au prix du sang d'un Dieu, demandera justice de votre barbare fureur. Comment pourrez-vous, à la mort, soutenir la juste crainte des jugements de Dieu ?

Si votre vie, si votre tranquillité, si votre bonheur éternel vous sont chers, foulez aux pieds les fausses idées du monde sur le point d'honneur. Ayez le courage de vous élever au-dessus des préjugés; imitez le maréchal de la Force; touché d'un sermon où l'on avait exposé fortement toutes les suites funestes de ces malheureux combats, il protesta, en sortant, que si on lui proposait un duel, il ne l'accepterait point.

Imitez cet exemple, et rappelez-vous « qu'il ne sert de rien à l'homme de gagner le monde s'il vient à perdre son âme. »

Ne trompez personne. C'est là surtout ce qui constitue l'homme d'honneur. Nous avons parlé déjà des obligations et des caractères de la véritable probité. Pour tout dire en un mot, ces obligations sont renfermées dans cette belle maxime : « Ce que vous ne voudriez pas qu'on vous fît, ne le faites pas aux autres. »

C'est là, en effet, le grand principe de l'équité

naturelle , si lumineusement écrite dans notre âme. Aimez-vous qu'on vous trompe, qu'on vous fasse quelque injustice, qu'on vous nuise ? Non sans doute. Agissez d'après ce principe, et vous ne tromperez personne.

Toute dissimulation, tout déguisement est , aux yeux de l'homme d'honneur , une tache flétrissante que ni le rang ni la fortune ne peuvent effacer, et dont la honte est presque toujours le fruit.

Rolland, frère de don Pèdre , roi de Sicile, venait de perdre un combat naval et d'être fait prisonnier. On demandait pour sa rançon douze mille florins. Il ne pouvait payer cette somme. Une riche bourgeoise de Messine, nommée Camille de Turinha, la lui fit offrir s'il voulait l'épouser. Rolland feignit d'y consentir et en donna sa promesse par écrit. Sorti de sa captivité, il se mit fort peu en peine de tenir sa parole et allégua l'excessive disparité des conditions. Camille l'appelle en justice et produit l'acte signé de sa main. Les magistrats jugent à la rigueur et condamnent Rolland à accomplir sa promesse. Il se rend , accompagné de plusieurs seigneurs, chez Camille, qui avait étalé toute la magnificence de ses ameublements et s'était ornée elle-même de ses plus riches parures. Rolland la prie d'oublier son injurieuse résistance et déclare qu'il est prêt... « Arrête, lui dit Camille, je suis satisfaite. Penses-tu que mon cœur ait attendu jusqu'à présent pour te rejeter ? Je voulais un époux du sang royal ; mais tu dérogeas à ta naissance au moment que tu faussas ta parole, et je jurai de n'être jamais à toi. Je ne t'ai poursuivi en justice réglée qu'afin de te couvrir de confusion. Adieu : porte ailleurs ta main , reprends ta promesse, garde encore le prix de ta rançon, je t'en fais présent. » A ces mots, laissant Rolland interdit, elle perce la foule étonnée et va se jeter dans un couvent.

A tous ses ennemis un cœur noble pardonne.

Une âme généreuse ne se venge jamais , et le véritable homme d'honneur pense avec raison qu'il y a
plus de grandeur et de noblesse à pardonner qu'à se
venger. C'est, en effet, souvent par lâcheté et par faiblesse qu'on descend à la vengeance ; c'est parce
qu'on ne sait pas résister à ses petites passions ni
s'élever au-dessus du respect humain. L'âme élevée
se regarde comme au-dessus des injures et les pardonne.

On reprochait à l'empereur Théodose le Jeune d'être
trop doux et trop bon envers ses ennemis : « En vérité,
répondit-il, bien loin de faire mourir les vivants, je
voudrais pouvoir ressusciter les morts.»

Louis II, duc de Bourbon, ayant été quelque temps
prisonnier en Angleterre, signala son retour par une
des actions les plus magnanimes dont l'histoire ait
conservé le souvenir. Pendant sa détention, la plupart
des barons et des gentilshommes de ses états avaient profité de son absence pour piller ses domaines. Ils étaient
tous rassemblés auprès de lui, lorsque le procureur
général de ce prince lui apporta un mémoire détaillé des
torts qu'ils lui avaient faits. Ils pâlirent et furent cons-
ternés. Mais le généreux prince dit au magistrat : « Avez-
vous aussi tenu registre des services qu'ils m'ont rendus?
— Non, mon prince, répondit-il. — Il faut donc brûler
ces papiers, reprit le duc, je n'en puis faire usage. » En
même temps, il les prit et les jeta dans le feu sans les
avoir lus.

Henri IV mérita le nom de Grand encore plus par la
bonté de son cœur que par ses victoires. Jamais personne n'aima plus à pardonner que ce prince, parce
que peut-être aussi jamais personne n'eut l'âme plus
grande. La bonté et la clémence semblaient composer

son caractère. Il dit un jour au duc de Mayenne : « Le plus grand plaisir que j'ai en faisant la paix, c'est de pardonner aux rebelles. On sait aussi ce qu'il dit à ce même duc, qui lui avait fait la guerre et lui avait longtemps disputé la couronne. Le duc de Mayenne était fort gros et mauvais piéton. Henri IV, se promenant un jour avec lui, prit plaisir à le lasser en le faisant marcher beaucoup. Le duc lui demanda quartier. « Mon cousin, lui dit le roi, voilà la seule vengeance que je prendrai jamais de vous. »

On reprochait un jour à ce même prince qu'il traitait avec trop de bonté les ligueurs qui avaient été ses ennemis. Il répondit : « Dieu me pardonne, je dois pardonner ; il oublie mes fautes, je dois oublier celles de mon peuple. Que ceux qui ont péché se repentent, et qu'on ne m'en parle plus. »

Que ce sentiment est beau, qu'il est digne de la religion qui l'inspirait !

Oui, pardonnons, nous qui avons tant besoin que la divine justice nous pardonne les fautes que chaque jour nous commettons contre le Ciel. Quel homme a jamais pu autant et aussi souvent offenser un de ses semblables que chacun de nous offense Dieu dans toute sa vie, que dis-je ? peut-être en un seul jour de cette vie que le Seigneur nous a donnée ? O vous qui refusez de pardonner une offense, pensez à cette vérité. Plus il vous en coûte pour faire ce sacrifice, plus il est digne de Dieu, plus il est méritoire pour vous.

Le divin Rémunérateur, qui ne se laisse jamais vaincre en générosité, ne manquera pas de vous en récompenser. Outre la joie et la satisfaction intérieure qu'il répandra dans votre âme, et qui est bien au-dessus du plaisir de la vengeance, vous serez quelquefois encore, par d'autres avantages, dédommagé au centuple de ce qu'il vous en aura coûté pour surmonter les sentiments que la haine inspire. Il dédaignerait vos plus riches offrandes qui lui seraient présentées par un cœur aigri, et il vous ordonnerait d'aller auparavant vous réconcilier avec votre frère. Mais vous pouvez tout attendre de sa bonté, si vous en avez vous-même pour votre ennemi. Craignez que celui-ci, en vous prévenant, ne mérite d'avoir plus de part à ses faveurs, et hâtez-vous d'obtenir la palme destinée à celui qui fera les premiers pas et les plus grands efforts pour la cueillir.

CHAPITRE XIII

Rien n'est plus doux sur cette terre de larmes que de sentir auprès de nous des cœurs qui nous aiment et qui prennent part aux douleurs comme aux joies des objets de leur affection. Le plus sûr, le seul moyen même d'être aimé, c'est d'être aimable, et pour y parvenir, il faut nécessairement pratiquer la maxime qui va se trouver développée dans ce chapitre.

Soyez officieux. Aimer à rendre service, est sans contredit le moyen de se concilier tous les cœurs; ainsi, quand la religion et la raison ne nous auraient pas fait un précepte d'aimer à obliger nos frères, notre propre intérêt devrait nous y engager. Obliger les autres, c'est prêter à usure et souvent s'obliger soi-même. Un ancien poëte a dit :

Obligez sans espoir d'aucune récompense :
Un bienfait n'est jamais perdu :
Tôt ou tard il vous est rendu,
Et souvent dans le temps que le moins on y pense.

FABLES D'ÉSOPE.

Le cardinal Albéroni dut sa haute fortune à un service qu'il rendit ; voici comment. Le poëte Campistron voya-

geait en Italie. En passant par le duché de Parme, des
voleurs l'attaquèrent et lui enlevèrent jusqu'à ses habits.
Il gagna, à demi nu, le village le plus voisin : c'était
celui où l'abbé Albéroni était curé. Campistron trouva
du secours dans la générosité de cet ecclésiastique ; il en
reçut des habits et de l'argent pour continuer son voyage.
Quelques années après, ayant suivi le duc de Vendôme
en qualité de secrétaire dans les guerres d'Italie, il
se trouva aux environs de la paroisse de son bienfaiteur.
Comme ce prince avait besoin d'un homme du pays, le
poëte saisit cette occasion de lui parler d'Albéroni. On
fit venir le curé, qui soutint parfaitement l'idée que
Campistron avait donnée de lui. Ce prince en fit son
aumônier. Albéroni le suivit en Espagne et y mérita la
confiance de la princesse des Ursins. Il s'attacha à son
service après la mort du duc de Vendôme, fut nommé
agent du duc de Parme à la cour de Madrid, ménagea
le mariage de la princesse de Parme avec le roi d'Espagne Philippe V, entra dans le conseil du roi, devint
cardinal, et enfin premier ministre d'Espagne.

On ne peut pas toujours pratiquer la générosité, la
bienfaisance ; il faut pour cela des moyens de fortune
que la Providence n'a pas départis à tous. Mais on peut
rendre des services dans quelque condition qu'on soit
placé. Le trait suivant en est la preuve.

L'Adige, fleuve d'Italie dans l'état de Venise, s'étant
débordé, le pont de la ville de Vérone fut emporté, à
l'exception de l'arcade du milieu, sur laquelle se trouvait une maison. Une famille entière y était : on la voyait
du rivage tendre les mains et implorer du secours. Cependant la violence du torrent détruisait à vue d'œil les
piliers de l'arcade. Dans ce danger extrême, le comte de
Spolvérini propose une bourse de cent ducats à celui
qui aura le courage d'aller sur un bateau délivrer ces
malheureux ; on risquait d'être emporté par la rapidité
du fleuve, ou d'être écrasé par les ruines de l'arcade en

abordant dessous. Le concours du peuple était innombrable, et personne n'osait s'offrir. Dans cet intervalle, passe un villageois ; on l'instruit de l'entreprise proposée et de la récompense qui y est attachée. Il monte aussitôt dans un bateau, gagne à force de rames le milieu du fleuve, aborde, attend au bas de la pile que toute la famille, père, mère, enfants et vieillards, se glissant le long d'une corde, soient descendus dans le bateau. « Courage, s'écria-t-il, vous voilà sauvés. » Il rame, surmonte l'effort des eaux et regagne le rivage. Le comte de Spolvérini veut lui donner la récompense promise. « Je ne vends point ma vie, lui dit le villageois ; mon travail me suffit pour me nourrir, moi, ma femme et mes enfants : donnez cela à cette pauvre famille, qui en a plus besoin que moi. »

Complaisant. L'homme complaisant est celui qui s'applique à ne point contrarier les goûts, le caractère, les inclinations des autres, et cherche toujours l'occasion de faire plaisir. Mais cette vertu peut devenir un vice selon l'usage qu'on en fait. Si vous courbez jusqu'à votre conscience pour la pratiquer ; si vous vous prêtez lâchement aux vices et aux désordres des autres ; si vous rampez servilement devant ceux que vous croyez pouvoir obtenir quelque bien, prodiguant à ces idoles que vous vous faites l'encens de la flatterie, quels que soient d'ailleurs leurs défauts et leurs excès, votre complaisance n'est plus que de la bassesse : c'est un vice, et le plus honteux de tous, car aucune passion violente n'en est la source.

Un ami se plaît à partager vos plaisirs, il les sert, mais il ne sert pas vos vices, il ne s'ennuie point en cherchant à vous désennuyer ; il ne blesse jamais votre amour-propre par une image trop vive de vos défauts, et il déploie néanmoins toute son adresse pour vous les faire connaître. Il vous aide de ces conseils avec zèle, mais avec prudence. Il ne vous contredit que quand il le doit ; il prévient vos désirs dans tout ce qu'il peut ; il étudie votre humeur, à laquelle il assujettit la sienne ; il ne cherche qu'à se rendre utile et agréable ; enfin toute sa conduite ne tend qu'à vous plaire, sans vue basse, sans motif vicieux. Voilà le modèle le plus aimable et de la plus précieuse complaisance.

Doux. La douceur du caractère est une des plus gracieuses qualités qu'on puisse recevoir de la nature. Si nous ne l'avons pas reçue, nous devons faire tous nos efforts pour l'acquérir. La chose n'est pas impossible ; il ne faut que de la bonne volonté et du courage. Saint François de Sales était né avec un caractère vif et violent. Dès qu'il eut reconnu son défaut, il s'appliqua fortement à s'en corriger, et il devint un modèle de douceur, comme il le fit bien voir dans une occasion. Un jeune gentilhomme, qui le haïssait, vint faire un bruit horrible sous ses fenêtres; il joignit aux aboiements de plusieurs chiens les injures de quelques valets insolents. Non content de cela, il eut l'effronterie de monter lui-même à la chambre du saint évêque, et y vomit contre lui tout ce que sa fureur put lui suggérer de plus offensant. Le prélat regarda d'un œil tranquille cet emporté et ne lui répondit pas une seule parole. Le gentilhomme, prenant cette modération pour un mépris, redoubla sa rage et poussa son insolence jusqu'aux derniers outrages. Saint François de Sales conserva toute sa patience. Lorsque ce furieux se fut enfin retiré, on demanda au saint évêque comment il avait eu la force de souffrir cet insolent, et comment il avait pu se taire dans une telle rencontre. « Nous avons fait, répondit-il, un pacte inviolable, ma langue et moi, et nous sommes convenus que, pendant que mon cœur serait dans l'émotion, ma langue ne dirait mot. Pouvais-je mieux apprendre à ce pauvre ignorant la manière de se posséder qu'en me taisant, et sa colère pouvait-elle plus tôt s'apaiser que par mon silence ? Ne faut-il pas avoir compassion d'un malheureux qui est emporté par sa passion ? »

L'emportement et la colère sont, je le sais, nés presque toujours d'un tempérament violent, d'un sang bouillant, d'une imagination exaltée ; mais ils n'en sont pas moins soumis à l'empire de la religion et de la raison. Rien ne dégrade l'homme comme de se laisser aller à ces violences, qui en font l'égal des brutes et le conduisent souvent jusqu'au crime. Combattez donc ces défauts. N'épargnez rien pour acquérir la douceur de l'esprit et des manières. Quoi qu'elle coûte, on ne l'achète jamais trop cher ; les avantages qui la suivent sont d'un prix inestimable. « La parole douce, dit le Sage, acquiert beaucoup d'amis et adoucit les ennemis. Mon fils, ajoute-t-il, montrez de la douceur dans tout ce que vous faites, et vous serez plus aimé que si vous faisiez les actions les plus éclatantes. » « Heureux les doux, dit Jésus-Christ, parce que ce sont eux qui posséderont la terre ! » Et comment ne la posséderaient-ils pas? C'est la douceur qui fait les délices de la société et les charmes de la conversation.

On aime une personne douce, on la recherche, tout le monde serait charmé de vivre avec elle. On évite, au contraire, celui qui a le caractère dur, violent, impérieux et inflexible; et quand on se fait éviter, on ne tarde guère à se faire mépriser. L'esprit dur reste seul, personne ne veut de son commerce; l'impérieux tyrannise, on le déteste ; le violent irrite, le contredisant fâche, l'inflexible révolte, le bourru se fait haïr, et l'on se venge du brutal par de cruelles vengeances, ou par des insultes plus piquantes encore que les siennes.

Les femmes qui sont nées vives et colères doivent s'appliquer encore plus que les hommes à corriger ce défaut. La nature leur a donné la douceur en partage: on dirait qu'une femme qui s'irrite change de sexe. La colère ne fait pas seulement qu'elles deviennent odieuses et insupportables, elle les dénature et les rend hideuses. Si les femmes savaient combien les emportements défigurent les personnes les plus aimables, elles s'en garantiraient pour toujours.

Affable. Cette bonne qualité qui fait qu'un supérieur reçoit d'une manière gracieuse ceux qui s'adressent à lui, doit être surtout celle des grands et des hommes en place. Plus on est élevé par son rang ou par sa naissance au-dessus des autres, plus on doit avoir de douceur et d'affabilité. O vous qui êtes jaloux de l'amour des hommes, aimez à vous rendre humains et accessibles ; montrez à tous cet air simple et noble de bonté qui attire les cœurs. Faites qu'au sortir de votre entretien on goûte toujours le plaisir d'être charmé de vous et d'être content de soi-même. Bannissez de vos paroles l'humeur et la fierté qui n'ajoutent rien à la grandeur et qui ôtent beaucoup aux grands. Prévenez par votre accueil le respect qui n'ose vous approcher, et soulagez le timide embarras qui craint de vous parler. Le maire d'une petite ville de France, chargé de haranguer le roi, en lui présentant les clefs, lui dit : « Sire, la joie que nous avons en voyant Votre Majesté, est si grande que.... » Il fut alors si interdit, qu'il rappela en vain sa mémoire ; il répéta, en bégayant, les dernières paroles qu'il venait de prononcer. « Oui, dit le prince d'un ton de bonté, la joie que vous avez est si grande que vous ne pouvez l'exprimer. »

C'est surtout envers les inférieurs que l'affabilité doit être pratiquée. Elle leur rend la soumission plus douce, le malheur plus supportable, le chagrin moins amer. Elle est, comme le dit un auteur célèbre, le caractère inséparable de la plus sûre marque de grandeur. Les descendants de ces races illustres et anciennes, auxquels personne ne dispute la supériorité du nom et l'antiquité de l'origine, ne portent point sur le front l'orgueil de leur naissance : ils la laisseraient ignorer si elle pouvait l'être. On ne sent leur élévation que par une noble simplicité. Ils se rendent encore plus respectables, en ne souffrant qu'avec peine le respect qui leur est dû, et parmi tant de titres qui les distinguent, la politesse et l'affabilité sont la seule distinction qu'ils affectent.

La fausse grandeur, au contraire, est farouche et inaccessible, comme si elle craignait que, vue de trop près, elle ne perdît beaucoup de ce qu'elle paraît être. Les demeures de ces prétendus grands sont des maisons d'orgueil ou de faste, où ceux que leurs affaires y attirent pensent presque plus aux moyens d'aborder les maîtres qu'à leur exposer leurs raisons et leurs droits; idoles orgueilleuses, dont on ne peut approcher qu'en tremblant, qu'on ne peut servir que les yeux timidement baissés, et qui ne se font respecter que par la crainte qu'elles inspirent. Ceux qui en ont besoin les adorent, les autres s'en raillent et les méprisent. Une dame allemande, de la première distinction, reçut chez elle des officiers français avec un air de hauteur et de morgue qui les révolta. Ils la quittèrent bientôt les uns après les autres. Les derniers dirent au laquais qui les conduisait: « Allez tenir compagnie à madame. »

Poli. L'inclination à obliger, l'honnête complaisance sont les parties principales de la politesse; mais cela seul ne compose pas la politesse : il faut encore ce que quelques-uns appellent le don des manières. Ainsi, la politesse consiste non-seulement à ne rien faire et à ne rien dire que d'obligeant, mais aussi à le faire et à le dire avec une façon de s'exprimer et des manières qui aient quelque chose de noble et d'aisé, quelquefois même de fin et de délicat.

On pourrait appeler la politesse une bonté assaisonnée; c'est la bonne grâce ajoutée au bon cœur. L'homme poli s'étudie à rendre les autres contents de lui et d'eux-mêmes; car la plus forte passion des hommes étant d'être estimés et considérés, la vraie politesse consiste surtout à leur témoigner de la considération et de l'estime, et à ménager l'amour-propre de tous.

N'employez jamais le langage de la flatterie, et si vous ne pouvez plaire qu'en employant cette basse adulation, demeurez dans le silence.

De nos jours on a substitué l'affectation de manières, les frivoles protestations, à l'aimable naïveté du cœur. La politesse n'est pour beaucoup qu'un jargon fade aussi vide de sens que de sentiments.

N'ayez pas cette politesse superficielle qui se borne à des compliments et à des grimaces. Ne vous bornez pas non plus à ce vernis mondain, qui ne cherche qu'à mériter l'estime et la considération des hommes, et qui dans les égards rendus aux autres fait de soi-même sa propre idole. L'homme qui n'a qu'une politesse mondaine éludera toujours les occasions d'obliger lorsque pour le faire il craindra de compromettre ses intérêts; et selon les circonstances, vous le verrez aussi dédaigneux qu'il se montrait empressé et poli naguère.

On n'a rien de pareil à craindre de la politesse qui est inspirée et soutenue par des sentiments chrétiens. Comme elle part toujours d'un cœur bienfaisant, ami des hommes, incliné à leur faire plaisir : c'est un fond sûr et solide; c'est une politesse sincère, empressée, généreuse, constante, inspirée par la charité, en vue de Dieu, à qui le chrétien poli, en obligeant les hommes, se propose principalement de plaire.

Ayons, autant qu'il nous sera possible, la politesse qui s'annonce par les bonnes manières; mais, préférablement à tout, ayons celle qui annonce l'honnête homme et le chrétien. On peut, par le seul esprit de bienveillance, d'humanité, d'une charité plus sûre encore, avoir cette aménité, cette affabilité pleine d'attentions, de complaisance et d'égards, qui fait la douceur de la société, et qui rend mille fois plus aimable que ne l'est cette foule de gens si affectueux, si maniérés, si polis et si fourbes, dont le monde est rempli.

Qu'on inspire aux jeunes gens cette politesse sincère

dont nous parlons ; ils auront les vertus que la fausse politesse imite et qu'elle n'a pas ; ils auront l'essentiel, le fond de la politesse, et il leur sera facile ensuite d'en acquérir l'extérieur et les grâces.

Qu'ils voient pour cela des gens polis, qu'ils les étudient ; ils apprendront bientôt d'eux ce qu'ils ont à faire et comment ils doivent le faire. Dès qu'ils le sauront, qu'ils le fassent sans étude ; l'affectation gâte tout, et l'on est moins ridicule par les défauts qu'on a que par les fausses qualités qu'on affecte d'avoir.

Pour être parfaitement poli, il faut, outre l'usage du monde, avoir une certaine finesse d'esprit, qui fasse discerner promptement ce qui convient, eu égard aux circonstances où l'on se trouve : il faut de la souplesse dans l'humeur, et une grande facilité d'entrer, autant que le permet la sagesse, dans toutes les dispositions qu'exige l'occasion présente ; il faut, sans le paraître, aimer à se gêner, afin de ne gêner personne.

Le cardinal de Polignac, qui avait infiniment d'esprit et de politesse, étant un jour chez madame la duchesse du Maine, on s'y amusa à se faire les uns aux autres des questions pour y répondre d'une manière agréable.

« Quelle différence, lui demanda la duchesse, y a-t-il de moi à une montre ?

— Madame, lui répondit-il, une montre marque les heures, et auprès de vous on les oublie. »

Cette politesse fine et ingénieuse, ainsi que toutes les choses exquises, n'est pas commune, mais elle n'est pas nécessaire : de la prudence, un bon caractère et quelque usage du monde suffisent pour acquérir cette honnêteté de manières qui fait considérer et rechercher.

C'est parce qu'on ne réfléchit pas à tous les avantages et à tout le prix de la politesse qu'on voit tant d'hommes impolis et grossiers. Ils négligent les manières comme de petites choses, et ils ne savent pas que les manières sont souvent ce qui fait que les hommes décident de nous en bien ou en mal. On ne peut pas pénétrer l'intérieur, et l'on en juge par ce qu'on aperçoit; une légère attention à être affable et poli préviendrait les mauvais jugements. Il ne faut presque rien pour être cru fier, incivil, méprisant, désobligeant; il faut encore moins pour être estimé tout le contraire. Et qui ne sait combien il nous importe de ne pas nous aliéner les esprits par de mauvaises façons? combien il nous est avantageux, pour nos intérêts, pour notre repos, d'avoir l'estime et l'amour de nos semblables, de conserver avec eux cette bonne intelligence qui ne s'entretient que par la politesse.

On est toujours sûr de rendre reconnaissants ceux dont on ménage l'amour-propre, et d'offenser ceux en qui on le blesse. C'est pour ne point heurter cet amour-propre si sensible et si délicat que l'homme poli cherche à donner aux autres des marques d'estime et de considération. Qui que ce soit qui lui parle ou qui l'interroge, il a la complaisance et la politesse de lui répondre. Il ne ressemble pas à ces hommes fiers et grossiers qui ne daignent pas faire attention à ce qu'on leur dit, ou répondent d'une manière si courte et si dédaigneuse qu'on ne peut qu'en être choqué. Avec un peu d'égards, ils se feraient aimer, et ils se rendent odieux.

La véritable politesse consiste surtout à être poli envers tout le monde dans tel rang que Dieu nous ait placés, sans acception de personne et d'état.

Le chevalier Williams Goels, gouverneur de la Virginie, causait avec un négociant dans les rues de Williamsbourg. Il vit passer un nègre qui le salua; il lui rendit le salut. « Comment, dit le négociant, Votre Excellence s'abaisse jusqu'à saluer un esclave! —Sans doute, répondit le gouverneur; je serais bien fâché qu'un esclave se montrât plus honnête que moi. »

D'humeur égale. La douceur de l'esprit, la complaisance, l'affabilité, la politesse vous feront rechercher;

mais si vous avez l'humeur inégale, on ne tardera pas à
vous fuir, à vous éviter. Les inégalités et les caprices
commencent par refroidir, et bientôt après éloignent
pour toujours ceux qui nous aimaient. Le plus digne sujet
devient par son humeur un sujet insupportable. On se
lasse enfin d'être l'esclave de son mérite : ses caprices fréquents et imprévus, ses bizarreries fatigantes font payer
trop cher les avantages de son commerce; on le quitte pour
un homme d'une humeur égale, qui vaut moins d'ailleurs.

Rien ne choque plus dans un homme d'esprit et ne
fait plus de tort pour la société que l'inégalité d'humeur.
Ce génie orné, ce convive amusant, que vous destinez à
faire chez vous les agréments d'une belle compagnie, se
livre tout à coup, et au milieu de la joie publique, à de
frénétiques imaginations. L'homme doux et poli devient
brusque, l'homme gai devient sombre, et d'épaisses
vapeurs viennent obscurcir la sérénité de son visage.
Vous n'y serez plus attrapé.

Ce défaut, on l'excuse encore dans les personnes dont
l'expérience n'a pas mûri la raison. La jeunesse est si
aimable, que les hommes sont disposés à tout lui pardonner. Mais quand on n'est plus jeune, les défauts de
l'esprit, comme ceux du visage, paraissent davantage en
vieillissant, et dès lors on ne leur trouve plus de côté
favorable.

Pliez donc votre humeur dès la jeunesse, et vous épar-
gnerez bien des chagrins aux autres et à vous-même.
La plus cruelle des peines pour un homme d'honneur,
c'est de se faire haïr ou éviter, et d'être insupportable.
A quelque âge que vous soyez, tâchez par toutes sortes
de moyens, et surtout en vous servant de ce que nous
avons indiqué contre la colère, de modérer votre humeur, et de la rendre toujours si douce et si égale qu'on
ne craigne plus votre commerce, mais qu'au contraire
votre société, vos conseils soient recherchés avec empressement.

Et vous serez aimable. Celui à qui personne ne plaît ne plaît ordinairement à personne. Puisque le bonheur de nous faire aimer dépend entièrement de nous, employons les moyens qui nous sont indiqués dans ce chapitre; car il faut l'avouer, si peu de personnes sont aimées, n'est-ce pas à cause du peu d'efforts que généralement on fait pour se rendre aimable?

C'est bien mal entendre ses intérêts que de ne vouloir plaire qu'à certaines personnes. Celui qui se fait aimer de tout le monde entreprend peu d'affaires qui ne lui réussissent; chacun s'empresse à l'obliger : on rougirait de faire de la peine à celui qui ne cherche qu'à faire plaisir aux autres, qu'à s'en faire aimer. L'illustre Fénelon l'éprouva. Des personnes envieuses et jalouses (car il ne pouvait avoir d'autres ennemis) avaient envoyé exprès de Paris à Cambrai un homme d'esprit qui, sous prétexte de rendre visite à l'archevêque, devait examiner de près sa conduite. Cet homme resta plusieurs mois à Cambrai, et fut enfin tellement pénétré du mérite de ce prélat, de ses manières affables et de sa conduite édifiante, qu'un jour, parlant à Fénelon, il lui avoua, les larmes aux yeux, le mystère odieux de son voyage, et retourna à Paris, rempli d'horreur pour ceux qui voulaient rendre ce prélat suspect à la cour. Aimé et révéré de ses diocésains, les étrangers les plus distingués lui payaient avec plaisir le même tribut d'estime et d'amour. Durant la guerre de la succession d'Espagne, le prince Eugène et le duc de Malborough le prévenaient par toutes sortes de politesses. Ils envoyaient des détachements pour garder ses prairies et ses blés. Ils firent même transporter et escorter jusqu'à Cambrai ses grains, de peur qu'ils ne fussent enlevés par les fourrageurs de leur armée. Lorsque les partis ennemis apprenaient qu'il devait faire quelque voyage dans son diocèse, ils lui faisaient dire qu'il n'avait pas besoin d'escorte française et qu'ils l'escorteraient. Les hussards même des troupes

impériales lui rendaient ce service, tant la douceur,
l'amabilité et la vraie vertu ont d'empire sur les esprits!

Il semble donc qui serait facile de se faire aimer.
C'est néanmoins ce qui est rare, parce qu'au lieu de
parler de la manière qui plairait aux autres, nous voulons dire ce qui plaît à notre humeur. Nous aimons
mieux déplaire que de retenir quelques paroles indiscrètes, ou de parler avec bonté et politesse. Il faudrait
aussi sacrifier souvent son amour-propre, combattre
ses penchants, résister à ses goûts, pour s'accommoder
à ceux des autres. Et c'est ce qui est difficile, quand on
ne s'y est pas accoutumé de bonne heure, ou qu'on n'est
pas animé par l'esprit de religion, qui veut que nous
soyons affables et complaisants en tout ce qui est bien
pour l'édification, comme l'Apôtre le recommandait
aux premiers fidèles. En rendant par nos bonnes manières la vertu aimable et en lui gagnant les cœurs,
nous avons encore l'avantage de les gagner pour nous-
mêmes et d'en recueillir les heureux fruits.

CHAPITRE XIV

Surmontez les chagrins où l'esprit s'abandonne.

Dans la jeunesse, quand tout autour de nous est riant et beau, la vie se présente comme un fleuve tranquille dont aucun orage ne trouble la limpidité. On croit que le bonheur prend l'homme au berceau et l'accompagne jusqu'à la tombe. Mais cette douce erreur ne séduit pas longtemps, et c'est en vain qu'on cherche à la retenir.

Bientôt on se trouve en butte à la dureté, à la trahison, aux faux jugements, à l'iniquité ou à la bizarrerie des hommes, et à tous les événements fâcheux dont notre triste vie a tant de peine à se défendre.

Il est donc à propos de s'y préparer de bonne heure. Amassez, dès la jeunesse, assez de bon esprit, assez de vertu, pour pouvoir un jour vous familiariser avec la patience. Le temps viendra que vous en aurez besoin. Si jamais l'injustice renverse vos projets, empoisonne votre conduite, vous préfère d'indignes concurrents ; si elle vous enlève une partie de vos biens ; si elle attente à votre réputation, à votre honneur, vous vous saurez bon gré d'avoir médité par avance sur l'injustice des hommes. Les coups prévus blessent moins.

La calomnie vous attaque-t-elle dans ce que vous avez
de plus cher en répandant son venin sur votre réputation et en s'efforçant d'en ternir l'éclat ? recourez à
la résignation ; armez-vous d'une patience courageuse.
C'est le remède le plus sûr contre la calomnie. Le temps
tôt ou tard découvrira la vérité. En attendant ce moment marqué par la Providence, quand le monde entier serait déchaîné contre vous, n'avez-vous pas une
ressource bien consolante dans le témoignage de votre
conscience ?

Avez-vous vu disparaître de vos mains une fortune
destinée à des enfants chéris, appelez la raison à votre
aide et ne vous livrez pas à un coupable désespoir. Jetez-
vous surtout dans les bras de la religion, et imitez le
saint patriarche qui, frappé à la fois dans son cœur et
dans son corps, disait avec une pieuse soumission à la
volonté de Dieu : « Le Seigneur m'avait donné ces biens,
le Seigneur me les a ôtés ; que son saint nom soit béni. »

Est-ce la mort d'une personne chérie qui cause votre
affliction ? écoutez les sages conseils que Dieu lui-même
a placés dans la bouche du plus sage des rois :

« Mon fils, dit l'Ecclésiastique, répandez vos larmes
sur un mort, et pleurez comme une personne qui a reçu
une plaie très-sensible. Rendez-lui les devoirs de la sépulture ; mais ne soyez pas inconsolable dans votre affliction, car l'excès de tristesse conduit à la mort, et
l'abattement du cœur fait baisser la tête. N'abandonnez
pas votre cœur à la douleur, et faites réflexion qu'en
vous affligeant avec excès, vous ne faites aucun bien
au mort, mais que vous vous faites à vous-même un
très-grand mal. »

Je ne vous dirai même pas, comme quelques-uns,
qu'il faut vous consoler de votre perte, parce qu'elle est
sans remède. C'est une pitoyable consolation : comme
si l'on ne devait pas s'affliger d'un mal parce qu'il ne
guérira point, ou qu'un malheur pût cesser de l'être

parce qu'il doit durer toujours. Une personne douée d'un bon cœur qui fait une perte aussi grande qu'elle est irréparable, serait dans le cas, au contraire, de ne s'en consoler jamais, par cette raison-là même qu'elle ne peut se réparer. Mais le parti le plus salutaire et le plus raisonnable est de faire quelques efforts sur soi-même, et de voir un peu ses amis, pour apaiser, par leur présence et par leur entretien, ses douleurs les plus légitimes. En ce cas-là, il faut se contraindre, pour ne pas nuire à la société en lui faisant porter continuellement des peines dont elle n'est pas la cause. Quoique la contrainte ne soit pas un soulagement, on s'y accoutume comme à mille autres choses désagréables, et certainement c'est être vertueux que d'être capable de tels efforts.

De tous les chagrins auxquels nous sommes en butte, il n'en est point de plus amers que ceux qui nous viennent des personnes de qui nous devions le moins les attendre. Plus la main qui nous frappe est chère, plus le coup est sensible; et tel est le malheur de la condition humaine, que ce qui devrait nous procurer les plus grandes douceurs de la vie est souvent la source de nos chagrins les plus cuisants. La femme la plus vertueuse ne trouve pas toujours un mari raisonnable; l'époux complaisant et attentif n'est pas toujours le plus aimé; le père le plus tendre travaille souvent pour de mauvais fils; et l'ami le plus fidèle trouve quelquefois qu'il ne s'est attaché qu'à un perfide ou à un ingrat. Dans tous ces cas, si vous avez vraiment de la vertu et un bon esprit, opposez l'égalité d'humeur à la bizarrerie, la douceur à la brutalité, de grands sentiments aux indignes procédés. Songez qu'il vaut mieux souffrir le mal que de le faire. Si vous ne souffrez que par le tort des autres, vous n'êtes pas le plus à plaindre; si vous y avez donné sujet, le châtiment vous était nécessaire pour vous faire sentir votre faute et vous rendre plus attentif.

Versez donc des larmes ; il est de la faiblesse humaine de pleurer ; mais pleurez en chrétien, pleurez dans le sein de Dieu : vos larmes alors seront douces, elles calmeront vos douleurs et deviendront la source de votre bonheur éternel. Profitez de ces épreuves passagères qui augmentent le mérite, épurent la vertu et consomment la sanctification. L'homme heureux pense à peine à la vertu, et souvent nous nous égarons dans la voie riante de la prospérité. L'adversité nous détrompe et nous instruit. Eclairés du flambeau de la religion, nous découvrons, dans les afflictions qui nous arrivent, la peine du péché, l'exécution des arrêts d'une justice infiniment sage, de salutaires amertumes répandues sur les objets de nos affections, pour en détacher notre cœur et l'attirer vers des biens plus solides.

Que des accidents ou l'injustice des hommes viennent donc renverser votre fortune, que des traits calomnieux attaquent votre réputation, que des maladies longues et violentes vous fassent ressentir leurs atteintes, que la mort impitoyable vienne moissonner vos plus chères espérances ou vous enlever votre plus solide appui : victime des miséricordieuses rigueurs du Ciel, ranimez votre courage, et fortifiez-le par les motifs de la religion que nous venons de vous exposer ; motifs infiniment supérieurs à tous ceux que la raison et la sagesse humaine pourraient donner. Celles-ci ne font le plus souvent que suspendre pour quelques moments la douleur sans la guérir ; elles adoucissent les petits chagrins et laissent aux grandes peines toute leur amertume. La religion seule peut nous consoler véritablement dans tous nos chagrins, quelque grands qu'ils soient. Elle peut calmer toutes nos peines, adoucir toutes nos afflictions, et rendre à notre courage ébranlé par les malheurs les plus accablants toute sa force. L'histoire d'Eléonore, cette pieuse impératrice dont nous avons déjà parlé plusieurs fois, nous en offre un édifiant et noble exemple.

En 1683, année fatale qui remplit d'épouvante toute l'Europe, une formidable armée de Turcs, laissant de fortes places derrière elle, par une de ces heureuses témérités qui réussissent quelquefois contre toutes les règles de la guerre, s'avança à grandes journées pour fondre sur Vienne. A cette nouvelle, toute la cour fut dans la consternation. On tint conseil, et il fut arrêté d'abord que l'empereur et l'impératrice se retireraient au plus tôt, pour ne pas exposer dans leurs augustes personnes le salut et la majesté de l'empire. Le 7 juillet, sur le soir, Léopold, avec toute sa maison, sortit de Vienne du côté que le Danube mettait à couvert des Turcs. Les ennemis se présentèrent devant la place, tandis que l'empereur en sortait du côté opposé. On peut juger quels durent être dans cette fuite précipitée les sentiments de l'infortunée Eléonore, quand elle vit à travers les ombres de la nuit, au-delà du Danube, les villages en feu, les armes étincelantes de l'ennemi, les campagnes inondées d'une armée innombrable de Turcs et de Tartares, la ville impériale exposée à un assaut prochain, l'empire à deux doigts de sa perte, et elle-même contrainte de fuir malgré une grossesse avancée, sans appui, sans secours, avec un époux tendrement aimé, dont elle ressentait vivement l'infortune, et avec des enfants qui n'étaient pas encore en âge de sentir leur malheur.

La première nuit, ils arrivèrent à un petit village, où ils essuyèrent tout ce que l'indigence a de plus affreux. Ils furent obligés de se retirer dans une chaumière déserte et dépourvue de toutes choses; on n'y trouva ni lits, ni chambres, ni vivres.

Au milieu de l'épouvante universelle, Eléonore et Léopold gardaient le même calme majestueux que la cour admirait en eux aux jours de la prospérité. L'impératrice fut un moment ébranlée par le parti que prit Léopold d'aller joindre l'armée rassemblée contre les

Turcs. Le jour même de son départ, elle était accouchée d'une princesse, et son cœur maternel défaillait. Mais la foi triompha bientôt de la nature, et Dieu, qui ne se laisse pas vaincre en générosité, récompensa la vertu des illustres époux en leur accordant la victoire sur leurs ennemis.

Ne faites rejaillir vos peines sur personne.

De quelque source que viennent vos chagrins, ce serait une grande injustice de les faire retomber sur les autres; ce serait imiter ces animaux furieux qui se jettent sur tous ceux qui ont le malheur de les rencontrer. Ne confondez pas les innocents avec les coupables, et n'affligez pas les autres parce que vous avez du chagrin. Quelle triste consolation que de rendre malheureux ceux qui vivent avec vous! Voyez cet homme qu'un revers imprévu accable ou que la bile suffoque; il ne rentre dans sa maison qu'avec toutes les marques de la fureur. L'œil en feu, l'air menaçant, les paroles foudroyantes à la bouche, il décharge son courroux sur tout ce qui se présente. Ce spectacle vous révolte et vous indigne; gardez-vous donc de le donner jamais.

Évitez aussi de ressembler à ces grondeurs éternels, espèce d'hommes inquiets et turbulents, qui exhalent sans cesse, et contre tout le monde, leur mauvaise humeur. Quoique ce défaut semble appartenir aux vieillards, comme un effet de la faiblesse ou des infirmités dont la nature est alors assaillie, et comme un reste d'autorité qui expire avec un long murmure, il est pourtant de tous les âges, surtout dans les personnes nées avec une bile prompte à fermenter et à s'enflammer. Ceux qui ont ce défaut se fâchent sans sujet, crient pour une faute légère et s'emportent quand on leur répond; il n'est pas même permis d'avoir raison avec eux. Ont-ils reçu quelque sujet de mécontentement de

la part de certaines personnes à qui ils doivent des
égards : dès qu'ils se trouvent en liberté au milieu de
leur famllle, ce sont des cris, des plaintes, des injures,
des menaces , une tempête d'autant plus violente qu'elle
a été resserrée et grossie par la contrainte. Leur bile, qui
sort à grands flots, se répand sur leurs amis mêmes ;
que pourraient-ils faire de pis à leurs plus grands ennemis ? Aussi tous fuient dès qu'ils le peuvent et les
laissent seuls. Ils n'ont pas même la consolation qui
reste souvent aux malheureux , celle d'être plaints : le
mal qu'ils font empêche de compatir au leur.

Souvent ceux qui font le plus souffrir les autres de
leurs chagrins en sont eux-mêmes les premiers artisans. Quand nous remontons sincèrement à la source
des peines qui troublent la vie, combien n'en voyons-
nous pas qui ont pour principe notre propre volonté !
quelle injustice alors dans nos procédés envers ceux qui
nous entourent, et quelle honte pour nous de faire
porter à des innocents la peine de nos fautes.

Travaillons donc à nous rendre maîtres de nous-
mêmes, et par une pieuse et douce résignation , méri-
tons à la fois que Dieu nous récompense dans le ciel et
que nos amis nous consolent sur la terre.

CHAPITRE XV

Celui qui aime sa réputation, aime à tenir exactement sa parole : la qualité d'honnête homme impose ce devoir. Il se fait une loi, lorsqu'il le peut , de tenir ce qu'il a promis , dans les choses mêmes les plus légères , parce qu'on est bientôt infidèle dans les grandes quand on s'accoutume à n'être pas fidèle dans les petites. Despréaux aimait à se trouver exactement à l'heure qu'il avait promise, « parce que, disait-il, la première chose qui se présente à l'esprit et dont on s'occupe le plus , ce sont les défauts de la personne qui se fait attendre. »

Lorsque la promesse n'est pas injuste ou absolument impossible , on ne doit jamais la violer , pour quelque raison ou pour quelque intérêt que ce soit. Pendant que le jeune Pompée disputait l'empire avec Octave et Marc-Antoine, ils firent entre eux une espèce de trêve, et ils se donnèrent des repas tour à tour. Un jour que ces deux derniers mangeaient dans la galère de Pompée, un de ses capitaines le tire à l'écart, et lui dit que s'il veut le laisser faire, il sera bientôt le maître du monde. « Voilà un coup de parti , ajouta-t-il ; la fortune vous favorise; si vous voulez, vous n'avez plus d'ennemis dans un quart d'heure. » Pompée ne voulut point y consentir. « Ils sont venus de bonne foi, dit-il, et j'aime mieux garder ma parole que de commander à tout l'univers. »

L'histoire nous a conservé des traits d'héroïsme en ce genre, plus grands encore et plus magnanimes. Tel est celui du Régulus français, Jean le Bon. Qui ne sait le noble sacrifice qu'il fit à cette belle maxime, qui était la sienne : « Que si la vérité et la bonne foi étaient perdues, on devrait les retrouver dans le cœur et dans la bouche des rois. » Ce prince, dont l'âme fut encore plus grande que ses malheurs, ayant été fait prisonnier dans une bataille, fut renvoyé sur sa parole ; mais n'ayant pu accomplir toutes les conditions qu'on avait mises à sa liberté, il retourna, accompagné de sa seule vertu, dans les prisons du roi d'Angleterre, et y mourut trois ans après.

On doit surtout garder la parole donnée sous le sceau du serment. Y manquer, c'est se rendre coupable de parjure. « Celui, dit l'écrivain sacré de l'Ecclésiastique, qui ne fait pas ce qu'il a promis avec serment, aura son péché pour lui ; et s'il jure en vain, c'est-à-dire pour des choses de peu d'importance, ou sans avoir dessein d'accomplir ce qu'il promet, ce ne sera pas une excuse qui le justifiera. »

Une promesse extorquée par la violence, fût-elle faite sous le sceau du serment, n'est pas obligatoire. Celle qui aurait pour fin une action mauvaise, loin d'obliger à son exécution, est une faute en elle-même, et la tenir serait se rendre doublement criminel.

Mais ne la donnez pas inconsidérément.

Ne soyez ni inconsidéré ni trop prompt à donner votre parole : ceux qui la donnent aisément y manquent de même. Tel était le cardinal Mazarin. Jamais personne ne

promit plus et ne donna moins. Il tâchait d'inspirer
la même maxime à Louis XIV. « Promettez toujours
aux Français , lui disait-il , mais ne vous mettez pas
en peine de rien tenir. » Le trait suivant peint encore
mieux son caractère. Il avait eu l'ambition de marier
sa nièce au prince de Conti. Bréquigni étant venu lui
apporter la nouvelle qu'elle était accouchée d'un fils ,
le cardinal, rempli de joie, lui promit une grande récompense. L'enfant mourut quelque temps après. Bréquigni voulant rappeler au cardinal le souvenir de sa
promesse, ce fin ministre lui dit : « Bréquigni, ne me
parlez pas de cela, vous renouvelez ma douleur. » Quand
les grands, par l'abus de leur indépendance, croient
pouvoir se dispenser des règles que la probité impose
aux autres hommes, c'est toujours aux dépens de leur
réputation; et si leur rang est plus élevé, la tache
qu'ils impriment à leur nom, comme celle qui est sur
une étoffe riche, n'en paraît que davantage et n'en est
que plus déshonorante.

Donnez tout ce que vous avez promis, mais ne promettez pas plus que vous ne pouvez faire, et promettez
toujours moins que vous n'avez envie de donner. Il est
juste et beau de remplir ses promesses; il est sage et
prudent de les régler sur son pouvoir; il est doux et
agréable de donner plus qu'on n'a promis.

CHAPITRE XVI

La curiosité est un défaut qui annonce toujours une indélicatesse de cœur et un grand désœuvrement dans celui qui en est possédé. C'est le démon familier de tous ceux qui n'ont rien à faire; l'homme occupé ne cherche point à savoir ce qui ne le concerne point.

Il n'est rien d'insipide comme ces questionneurs perpétuels qui veulent tout savoir, ces furets de maisons qui cherchent à découvrir tout ce qui se passe dans l'intérieur des familles. Ne les imitez pas, car ils font des secrets qu'ils découvrent le sujet de leurs bavardages, ou même un usage plus coupable encore : l'un et l'autre sont indignes d'un honnête homme.

Ne faites jamais aucune question imprudente ou qui pourrait déplaire : la curiosité déplacée est souvent payée par quelque mécompte ou quelque humiliation.

Ne vous mêlez pas non plus trop facilement des affaires des autres, à moins que la charité ou votre devoir ne vous y oblige. Il est rare qu'on n'en ait du désagrément.

Le sage Pittacus disait : « Ne divulguez pas vos desseins, afin que, s'ils sont renversés, vous ne soyez pas exposé à la risée. » La plupart des hommes ne jugent que par l'événement : l'envie et la malignité se moquent de ce que le succès n'a pas justifié. En cachant vos affaires, vous les déroberez à la censure et à la raillerie.

Celui qui parle de ses affaires à tout le monde, les verra souvent échouer. Les obstacles naîtront de toutes parts, et des personnes mêmes de qui on se défiait le moins. Un dessein connu ne vaut guère mieux qu'un dessein manqué. Le grand secret pour réussir dans ses affaires et dans ses entreprises est de les tenir secrètes.

> Le sage écoute tout, s'explique en peu de mots ;
> Il interroge et répond à propos.
> Rarement il ouvre la bouche
> Devant un plus sage que lui.
> Il n'est point curieux des affaires d'autrui ;
> Et ce qu'il doit savoir est tout ce qui le touche.

Il ne faut pourtant pas, comme nous l'avons dit ailleurs, abuser de la dissimulation, qui dégénère souvent en une mauvaise finesse ou en une fausseté condamnable, dont elle n'est séparée que par un intervalle assez étroit. La véritable finesse n'est autre chose qu'une prudence bien réglée, qui fait qu'on est sincère sans être simple, et pénétrant sans être moqueur. La dissimulation ne doit aller que jusqu'au silence ; il n'est pas permis d'y joindre le mensonge et la duplicité, comme ce prince (1) dont la maxime était : « Qui ne sait pas dissimuler, ne sait pas régner. » Maxime odieuse, de la manière qu'il l'entendait et qu'il la pratiqua durant son règne, qui ne fut qu'une suite de finesses, d'intrigues et de traits de mauvaise foi, tristes résultats de la méfiance et de la dissimulation portée à l'excès. Celle de ce prince allait si loin, qu'il ne s'ouvrait à personne de ses des-

____

(1) Louis XI.

seins. C'est ce que lui reprocha d'une manière fine un de ses courtisans, qui, le voyant monté sur un petit cheval, lui dit : « Sire, quelque faible que paraisse votre monture, elle est pourtant la plus forte de votre royaume.

— Comment cela ? reprit le roi.

— C'est, répondit le courtisan, qu'elle porte Votre Majesté et tout son conseil. »

Soyez réservé, mais ne le soyez pas trop, ni sur toutes choses. Une réserve outrée qui fait mystère de tout, est ridicule et blesse ceux avec qui l'on vit. C'est la marque d'un petit esprit qui veut jouer l'important.

Il nous reste, avant de finir, à vous donner encore un conseil bien utile. Ne confiez point, sans une grande nécessité, des secrets de conséquence à des domestiques, surtout à des femmes, qui, aisées à séduire, peu capables de se taire, faciles à se mécontenter, découvrent toujours tôt ou tard ce qu'on a intérêt de cacher.

CHAPITRE XVII

Considérons de sang-froid ce qui a coutume d'inspirer de la fierté aux hommes.

La naissance : hochet vivant, mis aux mains d'un petit nombre par la volonté de Dieu, qui souvent brise ce rien fragile, et qui toujours, à l'heure de la mort, l'anéantit dans la poussière du tombeau.

Diogène fit une réponse éminemment sage et philosophique, j'ai presque dit chrétienne, à un noble Athénien, qui, le voyant sur un cimetière, lui demanda ce qu'il y faisait : « Je cherchais, lui dit-il, les os de votre père parmi ceux du peuple ; mais tout ici me paraît si confondu, que je ne saurais les distinguer. »

Il y a bien peu d'hommes qui, placés au-dessus des autres par leur rang ou par leur fortune, sachent penser d'eux-mêmes avec sagesse et justice. Ne se croyant pas moins grand par leur esprit que par leur position dans le monde, ils veulent juger de tout, et sur les matières mêmes qu'ils ignorent le plus ; il semble que leur sentiment doit prévaloir et tenir lieu de loi suprême.

Louis XIV ne pensait pas ainsi. Le maréchal de la Feuillade ayant montré à Boileau quelques vers que celui-ci n'approuva pas : « Vous êtes bien délicat, lui dit ce seigneur, de ne pas approuver une poésie que le roi et madame la dauphine ont trouvée excellente.

— Je ne doute point, reprit Boileau, que le roi ne soit très-habile à prendre des villes et à gagner des batailles ; je doute encore aussi peu que madame la dauphine ne soit une princesse pleine d'esprit et de lumières ; mais, avec votre permission, monsieur le maréchal, je crois me connaître en vers aussi bien qu'eux. » Là-dessus le maréchal accourt chez le roi, et lui dit d'un air vif et impétueux : « Sire, n'admirez-vous pas l'insolence de Boileau, qui dit se connaître en vers mieux que Votre Majesté ?

— Oh, pour cela, répondit le roi, je suis fâché d'être obligé de vous dire que Boileau a raison. »

La véritable grandeur aime à cacher l'éclat qui l'environne. Elle est presque toujours reconnue malgré ses soins, et paraît d'autant plus belle qu'elle a pris plus de soin de se voiler.

Les richesses sont encore pour l'homme superficiel et peu chrétien un sujet de fierté ; ombre aussi vaine, plus vaine encore que la naissance, qui, comme elle, cède à la mort, et, fille souvent de l'injustice ou de la fraude, serait plutôt une tache qu'un titre de gloire.

Si la fierté des airs et des manières ne saurait convenir qu'à des sots, il n'en est pas de même de la fierté du cœur, qui est inspirée par la noblesse du sentiment : elle est l'attribut des personnes de probité et d'honneur. C'est elle qui les empêche de rien faire de bas, de honteux, de déshonorant. Elle venge aussi quelquefois noblement le mérite des outrages ou des mépris ; elle ennoblit la pauvreté ; elle garde l'honneur de celui qui souffre, en l'empêchant d'acheter par une bassesse un bien-être dont il aurait à rougir. Le pauvre orgueilleux est plus misérable encore que le riche superbe; mais quand il n'a que la fierté de l'âme, quand il préfère l'humiliation de l'aumône à la fausse gloire du crime, il possède un précieux trésor, et ce serait une barbarie de vouloir le lui ravir.

Ne vous louez jamais. La modestie et le silence sont l'ornement du vrai mérite, et sans ces deux qualités, on peut dire qu'il n'y a pas de mérite réel. La vanité nuit à la vertu même. Celui qui pense qu'il est sage, ne le sera pas longtemps. S'il le dit, il ne l'est déjà plus, peut-être même ne l'a-t-il jamais été. On perd toujours à se louer, et l'on persuade ordinairement le contraire de ce qu'on se propose. Les personnes qui se vantent cherchent, si l'on peut s'exprimer ainsi, à semer l'estime, et ne recueillent que le mépris. Un jeune homme se vantait d'avoir en peu de temps appris beaucoup de choses et d'avoir dépensé mille écus pour payer ses maîtres. Quelqu'un de ceux qui étaient présents lui répondit : « Si vous trouvez cent écus de tout ce que vous avez appris, je vous conseille de les prendre sans hésiter. »

On n'estime que davantage celui qui sait être toujours modeste. Mais s'il est des occasions où il y a du courage et de la grandeur d'âme à oser dire de soi des vérités peu flatteuses, il en est aussi où l'on peut dire modestement du bien de soi-même. La nécessité de se justifier ou de se faire connaître, une grande utilité pour soi ou pour les autres, l'honneur et la gloire de Dieu permettent de le faire, pourvu que ce soit le plus brièvement qu'il est possible et que la vanité ne paraisse pas s'en mêler.

Il faut aussi éviter cette fausse humilité qui souvent porte l'homme à s'accuser lui-même. L'amour-propre le plus raffiné dicte souvent ces confessions mensongères que notre orgueil trouve moyen de nous suggérer.

En général , à moins que ce ne soit par le sentiment de
l'humilité chrétienne, évitez autant de vous blâmer que
de vous louer ; observez la sage maxime d'Aristote, qui
disait souvent , qu'il ne faut parler de soi ni en bien ni
en mal , parce qu'il y a ordinairement de la vanité à se
louer, et de la folie à se blâmer. Dire , sans une juste
raison, du bien de nous-mêmes , c'est fatuité ; en dire
du mal , c'est inutilité : assez d'autres s'en chargeront et
s'en acquitteront mieux que nous.

Soyez humble et modeste au milieu des succès.

Les Hollandais parurent oublier cette belle maxime,
dans les heureux succès de la guerre où ils eurent part
au sujet de la succession d'Espagne. L'abbé de Polignac,
un des négociateurs de la paix , indigné de la hauteur
avec laquelle ils le traitaient aux conférences de Gertruidenberg , leur dit : « Messieurs , vous parlez bien
comme des gens qui ne sont pas habitués à vaincre. »
Il le leur fit encore mieux sentir deux ans après, au
congrès d'Utrecht. Les plénipotentiaires hollandais,
voyant que la face des affaires était changée par la
réunion des cours de Versailles et de Londres, et s'apercevant qu'on leur cachait quelques-unes des conditions
du traité de paix, déclarèrent aux ministres du roi de
France qu'ils pouvaient se préparer à sortir de la
Hollande. L'abbé de Polignac, qui n'avait pas oublié la
hauteur avec laquelle ils lui avaient parlé aux conférences de Gertruidenberg , leur dit : « Non , messieurs,
nous ne sortirons pas d'ici ; nous traiterons chez vous,
nous traiterons de vous , nous traiterons sans vous. »
Le P. Sébastien, mécanicien célèbre, avait enrichi
nos manufactures de plusieurs belles découvertes, et il
avait inventé ces tableaux mouvants qui firent l'admiration de la cour. Il reçut la visite du duc de Lorraine,
de Pierre le Grand et de plusieurs autres princes. Mais

la réputation dont il jouissait, et qui était répandue dans toute l'Europe, ne le changea point ; et le grand Condé disait de lui qu'il était aussi simple que ses machines. Tel était aussi le P. Mabillon, savant bénédictin. Sa modestie était encore plus grande que sa science, qui pourtant était immense. M. Le Tellier, archevêque de Reims, dit à Louis XIV, en le lui présentant : « Sire, j'ai l'honneur de présenter à Votre Majesté le religieux le plus savant et le plus humble de votre royaume. »

Il n'y a point de vice qu'il nous soit plus important dans l'usage du monde de tenir au moins caché, si nous en sommes atteints, que l'orgueil, parce qu'il n'en est point qui nous rende plus odieux. On méprise ceux qui s'enivrent de leur bonheur et qui s'oublient. La fierté qu'ils prennent les expose au ridicule, et fait croire qu'ils sont au-dessous de leur fortune, puisqu'ils savent si peu la soutenir. Leur modération au milieu des succès les ferait paraître plus grands que les choses qui les élèvent ; et sans rien perdre de leur gloire, ils auraient encore celle de la modestie. Ainsi l'histoire loue et admire, avec raison, le beau trait de l'empereur Frédéric VI. Ce prince, ayant été couronné à Rome, alla rendre visite au roi de Naples et d'Aragon, Alphonse V, surnommé le Sage et le Magnanime. Comme on n'approuvait pas qu'il eût fait cette démarche, « Il est vrai, dit-il, que le rang d'empereur est au-dessus de celui de roi, mais Alphonse est plus grand que Frédéric. »

Jamais ne parlez mal des personnes absentes.

S'il est mal de se louer, de s'enorgueillir des biens ou des avantages qu'on peut posséder, il est plus mal encore de s'entretenir des défauts du prochain. La médisance, qu'on dit faussement dans le monde être le sel de la conversation, est à la fois une bassesse et une lâcheté. Une bassesse, parce qu'elle dénote un petit esprit qui ne peut trouver de matière à ses discours que dans les rapports journaliers de la société , un cœur méchant qui cherche à plaire , à égayer aux dépens de ceux que peut-être il flattait la veille , pour surprendre leurs secrets et les jeter en pâture à la malignité.

C'est encore une lâcheté indigne. Le médisant , pour lancer ses traits, attend l'absence de celui qu'il attaque, et n'oserait, en face de lui, tenir les discours qu'il débite avec tant d'assurance, sûr de ne pouvoir être contredit par sa victime. Il frappe dans l'ombre, afin que le malheureux dont il tue la réputation ne puisse parer ses coups , et vend , pour un applaudissement ou un sourire , l'honneur et quelquefois la vie d'une famille tout entière dont souvent il se dit l'ami.

De la médisance à la calomnie , il n'y a qu'un pas.

Celui qui parle si légèrement des défauts d'autrui ne gardera bientôt plus les limites de la vérité. Il ajoutera, il changera, sans même le vouloir ; en répétant ce qu'auront dit avant lui dix langues médisantes, il ne racontera plus, il inventera , et deviendra calomniateur après n'avoir été que médisant.

C'est un grand malheur pour les gens de bien, même les plus irréprochables, d'être exposés aux traits envenimés de la calomnie. Quand elle répand son fiel et son poison, il n'y a rien qu'elle ne ternisse. Si elle ne peut détruire entièrement l'estime et la réputation , elle l'affaiblit et en diminue l'éclat. Elle est comme le feu, qui noircit ce qu'il ne peut brûler.

Les maux que cause la langue médisante, ou sont irréparables , ou ne sont presque jamais réparés. Un coup de langue est bien prompt, mais souvent les blessures en sont mortelles. On ne saurait être trop circonspect dans une matière aussi délicate que celle de la réputation et de l'honneur. Les personnes qui en ont , craignent de les faire perdre à ceux-mêmes qui en sont le moins dignes, comme on le voit par le beau trait que nous allons raconter. Alphonse, roi d'Aragon, alla chez un joaillier avec plusieurs de ses courtisans. Il fut à peine sorti de la boutique que le marchand courut après lui pour se plaindre qu'on lui avait volé un diamant de grand prix. Le roi rentra chez le marchand avec toute sa suite et se fit apporter un vase plein de son. Il ordonna que chacun de ses courtisans y mît la main fermée et l'en retirât toute ouverte. Il commença le premier. La cérémonie faite, il fit vider le vase sur la table, et le diamant fut retrouvé. Le soin qu'eut ce prince de sauver l'honneur de celui qui avait commis le vol, et le moyen ingénieux qu'il employa, font l'éloge de sa grandeur d'âme et de son esprit.

L'exemple de ce prince, si attentif à ne pas ôter l'honneur et la réputation, doit confondre bien des personnes qui sont si peu scrupuleuses sur ce point. On les voit d'un air satisfait déchirer la réputation des autres, se plaire à nommer les personnes ou à les désigner de manière à ne pas s'y méprendre, se moquer des absents, les tourner en ridicule, grossir leurs fautes, et publier partout les secrets vrais ou faux des familles : personne ne peut échapper aux coups de leur langue. On accuse surtout les femmes d'avoir ce défaut et d'être presque toutes médisantes. Ce n'est pourtant point par l'horreur du vice : celles qui médisent le plus ne sont pas moins vicieuses que les autres; et si elles n'avaient pas des défauts, elles ne prendraient pas tant de plaisir à en remarquer dans les autres ; mais la curiosité les porte à savoir tout ce qui se passe, et l'on n'aime guère à savoir que pour avoir le plaisir de l'apprendre à d'autres. La légèreté naturelle les empêche de faire réflexion à leurs paroles, et elles ont médit presque avant de s'en apercevoir. L'oisiveté et l'envie de parler font chercher dans la médisance des sujets d'entretien : sans la médisance, combien de personnes n'auraient rien à dire !

Si vous êtes jaloux de votre propre honneur et de l'estime des autres, ne médisez point. Si vous avez l'autorité sur ceux qui médisent devant vous, imposez-leur silence ; si vous n'en avez pas, que la sévérité de votre front arrête sur les lèvres du médisant ses funestes paroles. Enfin, gardez soigneusement ce que vous avez entendu, et mettez sur votre bouche le sceau de la charité, afin que la médisance meure dans votre cœur.

Badinez prudemment les personnes présentes.

Il est si rare et si difficile de rire des autres sans les choquer, qu'il vaudrait mieux s'en abstenir entièrement. L'amour-propre est si délicat, qu'il est presque impossible de le toucher sans le blesser, à moins qu'on ne le fasse avec beaucoup de légèreté et de prudence. Il faut que le badinage soit mêlé de tant d'égards et d'estime, que la personne qui en est le sujet en soit moins offensée que flattée.

On gagne souvent beaucoup à supprimer un bon mot, et l'on s'expose toujours à en risquer un dangereux. Ne faites jamais aucun badinage qui puisse déplaire ; et, quel qu'il soit, n'en faites pas souvent, de peur d'en contracter l'habitude. On dit quelquefois bien des sottises, quand on veut faire le rieur et le plaisant. Celui qui aime à plaisanter ne sera pas longtemps estimé, et s'il y joint la raillerie, comme il arrive ordinairement, il se rendra méprisable et odieux. Le plus mauvais de tous les caractères est celui de railleur. Il se fait beaucoup d'ennemis et n'a aucun ami ; souvent même il change les meilleurs amis en ennemis irréconciliables.

On passe aisément de la raillerie à la satire ; plaisir cruel qui tue souvent celui dont il se joue, et porte à la réputation des atteintes d'autant plus graves qu'elles sont recueillies avec plus d'avidité.

13

Cassagne était assez bon poëte et prédicateur estimé.
L'ode qu'il fit à la louange de l'Académie française l'y
fit recevoir à l'âge de vingt-sept ans; et le poëme qu'il
publia l'année suivante, où il introduit Henri IV donnant des instructions à Louis XIV, lui acquit l'estime de
Colbert. Il était sur le point de prêcher à la cour, lorsque Boileau ayant mis son nom avec celui de Cotin dans
sa troisième satire, ce trait piquant le fit renoncer à la
chaire et l'interrompit au milieu de sa course. Après avoir
fait les derniers efforts pour regagner l'estime publique
par ses ouvrages, il succomba sous le poids de l'étude
et du chagrin. Ses parents, avertis que sa tête se déran-
geait, furent contraints de le mettre à Saint-Lazare,
où il mourut âgé seulement de quarante-six ans. Triste
effet de la satire, et qui devait rendre bien amer, pour
l'auteur lui-même, le plaisir qu'elle pouvait d'ailleurs
lui donner.

Il y a des gens qui ne peuvent parler sans railler,
ni railler sans offenser. Leurs mots âcres et mordants,
leurs railleries mêlées de fiel et d'absinthe les rendent
odieux. Car si l'on rit quelquefois d'un trait satirique
et piquant, on déteste presque toujours ceux qui le
disent.

Il y a de petits défauts qu'on abandonne volontiers
à la censure, et dont nous souffrons facilement qu'on
nous raille. Ce sont de pareils défauts que nous devons choisir pour railler les autres. Encore faut-il
bien de l'esprit et de la finesse pour badiner joli-
ment, et beaucoup de supériorité sur la personne
qu'on badine, afin qu'elle n'ait pas lieu de s'en offenser, ni lieu de croire qu'on manque au respect qui
lui est dû.

Puisqu'il est si difficile de concilier la raillerie avec la
charité, évitons-la avec soin. Qu'une douce gaieté rende
notre commerce aimable; mais veillons tellement sur
nos discours que nous n'y blessions jamais personne.

Heureux si nous atteignons ce but, nous serons alors des chrétiens dignes de ce beau nom; car, l'apôtre saint Jacques l'a dit, « celui qui ne pèche point par la langue est un homme parfait. »

CHAPITRE XVIII

Reprenez sans aigreur, louez sans flatterie.
Ne méprisez personne, entendez raillerie.

La raison peut éclairer, le sentiment seul persuade, et quand c'est le cœur qui parle, il est toujours sûr de toucher le cœur qui l'écoute.

Il y a des personnes qui ne devraient jamais se mêler de reprendre et de corriger, parce qu'elles le font toujours mal. Les gens vifs ne se possèdent pas assez; les esprits durs ne ménagent rien. Les attraits d'une piété douce et compatissante gagnent bien plus de cœurs à la vertu que les accès d'un zèle amer.

Le ton grondeur, les paroles aigres, une dure et inflexible sévérité révoltent, aigrissent et attirent la haine; mais aussi trop de douceur autorise le mal et fait mépriser. Soyez doux, mais soyez ferme quand il le faut et que vous le devez. C'est être vicieux que de ne pas réprimer le vice lorsqu'on est obligé de le faire; c'est se rendre complice du mal que de ne pas le reprendre fermement et l'arrêter quand on en a le droit et le pouvoir.

C'est là ce qui rend si criminelle la malheureuse et pitoyable faiblesse de ces parents qui, dans la folle tendresse qu'ils ont pour leurs enfants, dissimulent, détournent la vue pour ne pas apercevoir les fautes les plus grandes, se retirent même et disparaissent pour avoir un prétexte de ne rien voir et de ne rien dire. Si quelquefois ils se croient obligés de les reprendre de leurs désordres devenus trop grands ou trop publics, c'est avec une faiblesse qui ne remédie à rien, qui augmente même le mal, et rend les enfants plus effrontément libertins ou vicieux.

Ce n'est pas qu'il faille employer sans cesse les réprimandes et les corrections. On ne doit, au contraire, reprendre et punir que le plus rarement qu'il est possible : ce qui est trop fréquent ne frappe plus. C'est de la fermeté qu'il faut, et non de la rigueur. Si l'on savait mieux conserver son autorité sans la compromettre mal à propos, ou sans laisser prendre à un enfant sur soi un ascendant qu'on ne pourra plus lui faire perdre ; si on l'accoutumait de bonne heure au respect et à l'obéissance, sans lui permettre d'y manquer jamais ; si l'on corrigeait dans les commencements les petites fautes, sans donner le temps de se changer en habitudes, on n'aurait pas si souvent besoin, dans la suite, d'employer les réprimandes dures, qui coûtent beaucoup à l'amour, ni de prendre la voie, quelquefois inutile et toujours fâcheuse, des châtiments sévères.

Au reste, si vous n'êtes point chargé par état de reprendre les autres, ne le faites pas facilement, et n'imitez pas surtout l'indiscrète vivacité de quelques-uns qui troublent le repos de tout le monde parce qu'ils ne sont jamais en repos. C'est un mauvais métier que celui de censeur : on se fait haïr, et l'on ne corrige personne. Un philosophe répondit un jour à un de ces censeurs de profession : « Comment me corrigerais-je de mes défauts, puisque tu ne te corriges pas toi-même de l'envie de corriger ? »

Il est bien des petites choses qu'on doit se passer mutuellement, et sur lesquelles il n'est ni poli ni même à propos de se reprendre. En général, la plupart des hommes aiment mieux être applaudis que repris. Nous avons beau protester qu'on ne saurait nous faire plus de plaisir que nous avertir de nos fautes et de nos défauts : le plus grand plaisir qu'on puisse nous faire est de n'en pas prendre la peine. Relevez les talents, les qualités, le mérite; mettez dans un beau jour les vertus obscures; approuvez les sentiments, excusez les défauts; ne faites pas semblant d'apercevoir les vices : vous serez le meilleur ami. Touchez aux imperfections, aux penchants favoris, aux fautes qu'on aime à se pardonner ou qu'on craint de reconnaître, vous déplairez.

Cependant un des principaux devoirs de l'amitié, un des plus grands services que l'on puisse rendre, c'est d'avertir son ami des fautes qu'il a commises, afin qu'il évite d'y retomber; c'est de l'éclairer sur ses défauts qu'il ignore, ou qu'il prend pour des vertus, par une illusion assez ordinaire à l'amour-propre. Mais la sincérité, qui doit être l'âme de l'amitié, est souvent ce qui la fait périr. La plupart des amis ne veulent pas être repris; ou s'ils permettent quelquefois qu'on le fasse, ils exigent tant de ménagements, d'égards, de circonspection, il est si difficile de ne pas leur faire quelque peine, ils reçoivent si froidement le second ou le troisième avis, qu'on prend plutôt le parti de se taire, de dissimuler, de flatter. Cependant, on l'a dit, et il est vrai, un ennemi qui nous reprend même avec aigreur, nous est bien plus utile qu'un ami flatteur et trop indulgent, parce que le premier nous dit toujours la vérité, et que l'autre ne nous la dit presque jamais.

Louez sans flatterie. La vérité est simple et modeste, la flatterie est toujours exagérée. Celui qui dit ce qu'il pense le dit simplement; et toujours le flatteur doit paraître suspect, à cause même de l'exagération qui règne dans les louanges qu'il donne.

C'est un rare talent que celui de manier habilement la louange. La vanité fine et délicate ne s'en sert que pour obtenir du retour, et l'on s'en aperçoit ; l'orgueil grossier ne vante que lui-même, et on le méprise ; le misanthrope ne loue point, parce qu'il n'est content de personne, et personne n'est content de lui ; le flatteur ne fait honneur ni à lui ni aux autres ; l'homme sage loue ce qui mérite d'être loué.

C'est en quelque sorte se donner part aux belles actions que de les louer de bon cœur. Une louange délicate et placée à propos fait autant d'honneur à celui qui la donne qu'à celui qui la reçoit. Le grand Condé alla saluer Louis XIV, après la bataille de Senef qu'il venait de gagner. Le roi était au haut de l'escalier. Le prince de Condé, qui avait de la peine à monter parce qu'il avait été fort maltraité de la goutte, dit, au milieu des degrés : « Sire, je demande pardon à Votre Majesté si je la fais attendre. » Le roi répondit : « Mon cousin, ne vous pressez pas : quand on est chargé de lauriers comme vous l'êtes, on ne saurait marcher si vite. »

Un compliment bien tourné et fait à propos n'a jamais déplu, mais il ne doit pas être fait aux dépens de la vérité. Il y a bien peu de compliments sincères ; la plupart ne sont qu'une fausse monnaie dont on paie la vanité, ou des filets agréables qui servent à prendre des dupes. On ne peut guère compter sur la sincérité des compliments que quand ils sont faits par des personnes dignes elles-mêmes d'être louées, ou qu'ils sont les interprètes des sentiments publics. Tel fut celui qu'on fit au duc de Montausier, dont le mérite était universellement reconnu. Lorsqu'il fut question de nommer un gouverneur au grand dauphin, quelqu'un lui dit : « Si monseigneur le dauphin est né heureux, vous serez son gouverneur. »

Celui qu'un soldat fit à Turenne ne dut pas moins le flatter, parce qu'il n'avait aucun des traits de la flatterie.

Un soldat de son armée se faisait appeler du nom de ce général, qui, l'ayant entendu, lui témoigna qu'il s'en offensait. « Morbleu, mon général, lui dit le soldat, si j'avais su un plus beau nom que le vôtre, je l'aurais pris. » Le maréchal de Villars, l'un des plus grands généraux qu'ait eus la France depuis Turenne, entendit un officier qui disait à un de ses amis : « Je vais dîner chez Villars. » Le maréchal lui dit avec bonté : « A cause de mon rang de général, et non à cause de mon mérite, dites monsieur de Villars.

— Monseigneur, lui répondit sur-le-champ l'officier, on ne dit point monsieur de César, j'ai cru qu'on ne devait pas dire monsieur de Villars. »

Les justes éloges sont les plus nobles encouragements du mérite, des talents et de la vertu ; et ne peut-on pas même dire qu'ils en sont, dans cette vie, la plus digne et la plus douce récompense, après celle de la conscience ? On peut et l'on doit même louer les jeunes gens pour les encourager ; mais il faut le faire avec modération, pour ne pas les rendre présomptueux : la louange, comme le vin, augmente les forces quand elle n'enivre pas.

Les louanges outrées et excessives font tort à celui qui les donne et à celui qui les reçoit : c'est une espèce d'insulte. Ceux à qui on les adresse la sentent, s'ils ont le sens commun, et la punissent au moins d'un souverain mépris.

S'il est difficile de louer sans flatterie, il l'est au moins autant de se défendre du poison séducteur dont elle enivre ceux qui en sont l'objet. On préfère le flatteur qui trahit à l'ami sincère qui blesse quelquefois pour sauver. Ne soyons donc ni assez bas pour employer le langage de la flatterie, ni assez dupes pour aimer à être flattés ; et que la vérité si dure qu'elle puisse nous paraître, soit toujours préférée par nous aux vaines louanges et à la flatteuse adulation.

Ne méprisez personne ...

Le mépris éloigne les cœurs, l'estime les concilie, l'estime ne fait point d'ingrats ; mais le mépris fait des ennemis, et souvent des ennemis irréconciliables. Les hommes pardonnent quelquefois la haine, jamais ils ne pardonnent le mépris.

« C'est, dit La Bruyère, une chose monstrueuse que le goût et la facilité que nous avons de rallier, d'improuver et de mépriser les autres, et tout ensemble la colère que nous ressentons contre ceux qui nous raillent, nous improuvent et nous méprisent. Mettons-nous pour un moment en la place de celui à qui nous voulons faire une offense, et nous ne l'offenserons pas. L'oubli de cette sage maxime, et le désir que nous avons de nous élever au-dessus des autres, nous inspirent le penchant que nous avons à mépriser. Remplis d'ailleurs de la bonne opinion de nous-mêmes, nous aimons à nous comparer, et nous ne nous comparons guère que nous ne nous préférions. C'est de là que naît ce mépris, qui se nomme insolence, hauteur, fierté, selon qu'il a pour objet nos supérieurs, nos inférieurs ou nos égaux. Il ne convient à personne d'être fier et méprisant : avec ses semblables, c'est sottise ; avec les personnes au-dessus, c'est folie ; et avec celles au-dessous, c'est ridicule. »

Les conditions humbles où le commun des hommes se trouvent placés par la Providence, les fonctions serviles ou laborieuses qu'ils exercent dans la société ne les dégradent point, et doivent au contraire les rendre précieux et estimables quand ils s'en acquittent bien. Louis XII, lorsqu'il n'était encore que duc d'Orléans, apprit qu'un gentilhomme de sa maison avait maltraité un paysan. Il ordonna qu'on ne servît point de pain à ce gentilhomme, mais seulement de la viande. Ayant su qu'il en murmurait, il le fit appeler, et lui demanda quelle était la nourriture la plus nécessaire. L'officier lui répondit que c'était le pain. « Eh ! pourquoi donc, reprit le prince avec sévérité, êtes-vous assez peu raisonnable pour maltraiter ceux qui vous le mettent à la main ? »

Un préjugé encore bien commun, surtout parmi les femmes, et qui montre bien de la petitesse d'esprit, c'est de faire moins de cas d'une personne parce qu'elle n'a pas la taille aussi belle ou la figure aussi avantageuse qu'une autre. Le mérite accompagné de ces qualités naturelles ne prévient sans doute que mieux en sa faveur ; mais cesse-t-il d'être estimable parce qu'il en est dépourvu ? Loin d'y être toujours attaché, n'arrive-t-il pas même qu'il en soit séparé le plus souvent, comme si la nature jalouse de ses dons aimait à les partager.

Cette injuste prévention, qui fait estimer ou mépriser les personnes sur le témoignage si équivoque de la figure, prononce aussi de même sur celui des habillements : car c'est souvent l'habit qui décide de l'estime ou du mépris ; comme si la sottise ne se trouvait jamais sous un habillement riche et de grand prix, ou que le mérite fût incompatible avec un habit aussi simple et aussi modeste que lui. Les gens sensés n'accordent de la considération à l'habit que jusqu'à ce qu'ils aient connu la personne. C'est ce que les Russes expriment par ce beau proverbe : « On reçoit l'homme selon l'habit qu'il porte, et on le reconduit selon l'esprit qu'il a montré. » Mais la plupart se laissent prévenir par l'extérieur et jugent du fond par la surface.

Un savant parut à la cour avec un habit qui n'annonçait pas l'opulence. Un jeune prince qui le vit, dit avec mépris : « Qu'est-ce que ce misérable qu'on laisse entrer ? — Prince, lui répondit son sage gouverneur, c'est un homme. » Il lui rappela dans un autre moment tout ce que le nom d'*homme* renferme d'auguste. Il lui fit voir à combien de titres celui-ci méritait plus de considération que beaucoup d'autres qui sont magnifiquement vêtus. Le jeune prince avait de l'esprit. Il rougit de ce que l'orgueil lui avait fait dire. Il fit venir l'honnête homme qu'il avait d'abord refusé de voir, et lui fit un accueil gracieux.

De nos jours, on affecte un mépris insultant pour les personnes consacrées à Dieu, et c'est la plus grave des fautes où peut entraîner l'orgueil, principe du mépris du prochain. A elles, plus qu'à toutes autres, on doit l'honneur et le respect, et Dieu vengera comme faits à lui-même tous les outrages qu'elles auront reçus.

Les plus excellents remèdes que la raison et la religion nous offrent contre la fierté méprisante que l'orgueil nous inspire, c'est de moins penser à nos bonnes qualités qu'à nos défauts, et plus à ce qui nous manque qu'à ce que nous possédons. Souvent nous n'estimons si peu les autres que parce que nous nous estimons trop. Au lieu de ramener notre attention sur ce que nous valons, portons-la sur les bonnes qualités des autres. Pourrions-nous encore nous prévaloir de quelque chose, si nous voulions faire réflexion que mille personnes valent mieux que nous ?

Si ce sont des qualités naturelles qui vous inspirent tant de complaisance pour vous-même, et tant de mépris pour les autres, songez que ces avantages ne sont pas le prix de votre vertu ni l'ouvrage de vos mains, mais des présents de l'Auteur de votre être. Ce que nous avons ne vient pas de nous ; et si nous l'avons reçu, pourquoi nous en glorifier ? pourquoi mépriser ceux qui ont été moins bien partagés que nous ? Il est souvent plus dangereux d'avoir ces avantages qu'il n'est honteux de ne les avoir pas, parce qu'il est facile d'en abuser ; et l'on en rendra un compte si sévère à Celui de qui on les a reçus, qu'on doit plutôt en concevoir de la crainte que de la vanité.

Si vous êtes riches et heureux, que votre félicité et votre abondance ne vous donnent point de l'orgueil et de la fierté, mais plutôt de la bonté et de la compassion. « Les malheureux que vous voyez, dit l'auteur des *Conseils de la sagesse*, sont une image sensible de ce que vous seriez s'il plaisait à la Providence divine de vous abandonner, si elle cessait, comme elle pourrait le faire, de répandre sur vous ses bénédictions et de vous combler de biens. Vous seriez ce qu'ils sont, si Dieu n'avait eu pour vous des soins et des bontés particulières. Qui peut même se flatter de ne pas devenir malheureux ? et qui oserait se croire inébranlable dans la prospérité? Celui qui ne craindrait point les revers de la fortune mériterait d'en servir d'exemple. »

Rien n'est plus voisin de la pauvreté que les grandes richesses. Une prospérité qui paraissait inébranlable est renversée en moins de temps qu'on n'est à le dire. Les plus obscures nuits succèdent aux plus beaux jours, et l'orage fond quelquefois dans le moment que le ciel était le plus calme. Aussi le Sage nous recommande-t-il de penser à la pauvreté dans le temps de l'abondance, parce que du matin au soir le temps change. « Et tout cela, dit-il, arrive en un moment sous les yeux de Dieu. »

Entendez raillerie....

C'est là peut-être la marque la plus sûre d'un bon esprit. Les caractères pointilleux et susceptibles, qui s'imaginent être le but de tous les traits qu'on lance, et qui se piquent des plaisanteries les plus innocentes, sont presque toujours de petits génies. Un esprit élevé n'est point susceptible.

C'est peu d'avoir de l'esprit si l'on n'en sait faire un bon usage, et l'on ne saurait en faire un meilleur que de rire le premier de ce qui, en soi, peut faire rire les autres.

Les gens sans esprit et sans éducation peuvent seuls se fâcher contre celui qui les raille, ou leur répondre par des injures. Il est pourtant permis de riposter à propos ; mais il faut le faire avec esprit et surtout sans humeur. Les traits lancés contre nous retombent alors sur ceux qui les décrochent, et dans cet innocent combat personne n'est blessé.

CHAPITRE XIX

Rien de plus précieux que le temps ; il passe avec une rapidité si effrayante qu'on doit en utiliser toutes les heures. Une fois que la raison se dégage des ténèbres de l'enfance, il n'y a plus un moment à perdre, et les chefs de famille en sont responsables devant Dieu plus encore que leurs enfants. C'est à eux qu'il est prescrit d'apprendre à leurs jeunes esprits à en faire un digne usage ; et pour cela, pères et mères, faites sentir de bonne heure à vos enfants de quel prix est le temps ; n'en perdez pas une minute devant eux, et que votre exemple les anime à employer toutes leurs heures.

Et vous qui devez un jour être placé par la Providence sur la scène de la famille et du monde, accoutumez-vous de bonne heure à y tenir dignement votre place. Aimez l'étude, aimez le travail, seuls chemins qui conduisent au mérite, à la gloire, au bonheur. Que votre vie soit pleine et utile ; n'imitez pas ces jeunes désœuvrés qui, promenant tout le jour leur pénible existence, ne savent que faire ni de leur temps ni d'eux-mêmes.

Il y a pour les jeunes gens un temps bien critique : c'est celui où, livrés à eux-mêmes, ils emploient la liberté que leur laisse une éducation finie à éviter toute occupation sérieuse. C'est alors le moment de faire des provisions pour l'avenir, de préparer tout ce qui leur sera nécessaire dans l'état auquel ils se destinent; et s'il leur reste du temps, qu'ils le consacrent à la lecture ; elle est le plus utile des amusements, et procure les plus douces jouissances.

Quels heureux effets ne produit pas la lecture ! Elle enrichit la mémoire, embellit l'imagination, rectifie le jugement, forme le goût, apprend à penser, élève l'âme et inspire de nobles sentiments. Les bons livres sont des conseillers aimables, qui nous instruisent sans nous ennuyer, nous avertissent de nos défauts sans nous offenser, et nous corrigent sans nous déplaire. Alphonse, roi d'Aragon, disait que les livres étaient les conseillers qu'il aimait le mieux, parce qu'ils ne le flattaient point, et qu'ils lui apprenaient ce qu'il devait faire.

Ce sont des amis complaisants, qui s'entretiennent avec nous quand il nous plaît, et que nous quittons quand nous voulons. Dans la solitude et l'isolement, ils nous font trouver les douceurs de la société la plus charmante, ils nous offrent les richesses les plus précieuses de l'esprit humain et les découvertes de tous les siècles. Ils sont pour l'esprit ce que l'aliment est pour le corps.

Les bons livres nous font part des lumières de ceux que la distance des temps et des lieux nous empêche de voir et de consulter. Ils nous rendent présents les plus grands hommes de l'antiquité, qui, dans leurs ouvrages immortels, semblent converser avec nous et nous instruire. Ils procurent mille connaissances utiles ou agréables, et nous servent comme de flambeau pour nous éclairer dans le cours de la vie.

Mais pour recueillir sûrement ces fruits précieux, lisez avec choix. La vie est trop courte pour lire toutes sortes de livres. Il y en a d'ailleurs de si dangereux, de si obscènes, de si impies, surtout dans ce siècle, qu'il y a beaucoup à craindre pour celui qui lit au hasard. Mais que dis-je? ne sont-ce pas ces livres-là même que l'on recherche avec le plus d'empressement, qu'on dévore avec le plus d'avidité? Que voit-on pour l'ordinaire entre les mains des jeunes gens? De misérables romans, dont la lecture, si souvent dangereuse pour les mœurs, serait toujours un grand mal quand elle n'aurait d'autres effets que de corrompre le goût, de nourrir la paresse naturelle de l'esprit, et de dégoûter des lectures plus sérieuses et plus utiles; des brochures frivoles, qui n'ont d'autre mérite que celui de la nouveauté; des livres effrontément cyniques, qu'on ne lit que pour apprendre à ne plus rougir de rien, et qui n'apprennent que ce qu'on devrait toujours ignorer; des ouvrages impies qu'on se hâte de lire, parce qu'on espère y trouver de quoi calmer ses remords, parce qu'ils sont bien écrits, souvent parce qu'ils sont rares et défendus. N'y a-t-il donc plus d'autres bons livres où l'on puisse se former l'esprit, se perfectionner le style, s'amuser agréablement? ou les a-t-on lus tous? Lisez non pour devenir plus savant, mais pour en être meilleur. C'est ainsi que vous devez lire l'histoire même, et non par un simple amusement ou par curiosité. Que vous servira d'être né après tant de grands hommes, si vous ne les prenez pas pour modèles? Que vous servira d'être né après tant de fous et de scélérats, si vous n'en devenez pas plus sages et plus vertueux?

Enfin, lisez quelquefois avec un ami judicieux, et communiquez-vous mutuellement vos réflexions; vous en lirez avec plus de plaisir et avec plus de fruit. En lisant à haute voix, vous aurez encore l'avantage de vous exercer à bien lire, talent rare, que la nature refuse souvent aux hommes mêmes qu'elle a comblés des dons du génie. On devrait peut-être moins négliger cette partie de l'éducation. On peut se trouver souvent dans le cas de lire à haute voix, et il est aussi honteux pour soi que désagréable pour les autres de le faire mal.

Le sage est ménager du temps et des paroles.

On a dit qu'on devait être ménager de son bien et de sa confiance : on ne doit pas l'être moins de son temps et de ses paroles. La seule avarice qui soit permise, est celle du temps. « Il n'y a rien de si cher que le temps, disait Théophraste, et ceux qui le perdent sont les plus condamnables de tous les prodigues. » Aussi le sage est-il toujours occupé. Il aime l'application et le travail, qu'il regarde comme un de nos plus grands besoins, comme l'ami des hommes et leur consolateur : aussi il l'aime et s'en occupe. Il se délasse d'un travail par un autre, ou par des lectures instructives et agréables, qui, en ornant son esprit d'utiles connaissances, le garantissent de l'ennui inséparable de l'oisiveté, ou de ces conversations oiseuses plus pernicieuses encore.

N'y eût-il dans une vie oisive que la perte du temps, elle serait condamnable devant Dieu. Nos années ne s'écoulent pas en vain. Toutes les minutes de la vie vont frapper à la porte de l'éternité. « Les heures, disait un ancien, s'envolent au ciel pour y rendre compte de l'usage que les hommes en ont fait. »

Un auteur persan, pour rendre plus sensible cette vérité, l'a enveloppée sous le voile d'une allégorie ingénieuse :

« Un étranger, dit-il, ayant été jeté par la tempête dans une île inconnue, y fut proclamé roi. Etonné d'abord de sa brillante fortune, il se familiarisa bientôt avec elle, et il ne songeait qu'à jouir des plaisirs qu'elle lui offrait, lorsque le chef de la religion, qui est revêtu dans cette île d'une grande autorité, vint le trouver, et lui dit : « Je crois, prince, devoir vous avertir que rien n'est plus chancelant que le trône où vous êtes placé. Au moment que vous y penserez le moins, on vous en fera descendre ; vous serez dépouillé des ornements royaux et revêtu d'habits grossiers ; les soldats impitoyables vous traîneront sur le bord de la mer, et vous jetteront presque nu sur un vaisseau, qui vous conduira dans une autre île fort éloignée de celle-ci. Telle est la loi immuable de cet état, et aucun de vos prédécesseurs n'a pu la changer ni s'y soustraire. Mais quoiqu'ils ne l'eussent pas ignorée, la plupart d'entre eux n'ont pas eu le courage de fixer sur un avenir désagréable des yeux éblouis par l'éclat qui environne le trône ; ils n'ont pas su prévenir la fin qui les menaçait, et le jour fatal est toujours venu sans qu'ils eussent rien fait pour adoucir leur funeste et inévitable sort. Les plus sages ont agi autrement.

— Qu'ont-ils fait, reprit vivement le roi, et que faut-il que je fasse moi-même ?

— Ils ont fait passer, répondit le ministre de la religion, dans l'île qui leur était destinée, toute sortes de bonnes provisions et de secours, pour y mener une vie agréable et heureuse. Imitez leur exemple ; le temps presse, et l'instant échappé ne renaîtrait plus. Souvenez-vous surtout que vous ne trouverez dans cette île que ce que vous y aurez fait transporter d'ici dans le peu de jours peut-être qui vous restent. »

» Le monarque suivit un si sage conseil. Il envoya dans le nouveau séjour qui l'attendait autant de magasins de toute espèce qu'il en crut nécessaires pour se le rendre agréable. Tout ce qui lui avait été prédit lui arriva. Il fut dépouillé de la couronne et conduit dans sa nouvelle île : il y arriva heureusement et y vécut plus heureusement encore. »

Qui doute que les femmes ne soient pas moins obligées que les hommes à faire un bon usage de leur temps? Nous ne parlerons pas de celles qui consument leur existence dans des inutilités de toute espèce.

Grâce au Ciel, on voit encore, malgré la corruption des mœurs, de ces femmes vertueuses et vraiment estimables qui mettent leur bonheur à se passer de ce que le monde appelle les plaisirs. Elles font consister leur gloire à vivre ignorées, convaincues que la femme la plus louable est celle dont on parle moins. Elles s'applaudissent de leur journée, non lorsqu'elles se sont bien amusées, mais lorsqu'elles ont bien rempli tous leurs devoirs : renfermées dans ceux de femme et de mère, elles consacrent leurs jours à la pratique des vertus obscures. Occupées du gouvernement de leur famille, elles règnent sur leurs maris par la complaisance, sur leurs enfants par la douceur, sur leurs domestiques par la bonté. Leur maison est la demeure des principes religieux, de la piété filiale, de l'amour conjugal, de la tendresse maternelle, de l'ordre, de la paix intérieure, du doux sommeil et de la santé. Économes et sédentaires, elles se plaisent à gouverner leur famille, à en écarter les besoins, et ne goûtent nulle part plus de plaisir que chez elles.

Laissant aux folles, dont elles sont entourées, la coquetterie, la frivolité, les caprices, les jalousies, toutes ces petites passions, toutes ces bagatelles qui paraissent à quelques-unes si importantes et qui le sont si peu, elles ont un caractère de sagesse et de vertu qui les fait estimer, de réserve et de dignité qui les fait respecter, d'indulgence et de sensibilité qui les fait aimer. Ce temps dont les autres dames de leur condition ne savent que faire, elles en destinent une partie à essuyer les larmes des infortunés, à visiter les malades, à découvrir et à soulager la vertueuse indigence, que la honte condamne à dévorer ses pleurs en secret.

Ce n'est pas ici un portrait d'imagination que nous venons de tracer, pour servir de modèle aux mères de famille et aux jeunes personnes destinées à l'être un jour. Il est peu de villes où il ne se trouve des dames, aussi respectables par leur rang que par leur sagesse, qu'on pourrait y reconnaître, et dont la conduite est louée de celles mêmes qui leur ressemblent le moins. Mais pour suivre le conseil du Sage, et ne parler que de celles dont les vertus, soutenues constamment jusqu'à la fin de leur carrière, ont, si l'on peut s'exprimer ainsi, été couronnées par les mains de la mort, telle fut dans le dernier siècle madame la présidente de Boivault. Née avec tous les avantages qui donnent un rang distingué dans le monde, elle était douée de tout ce qui peut attirer l'attention et les hommages du monde. Mais à peine eut-elle aperçu les périls auxquels ces avantages extérieurs exposent une jeune personne, qu'elle en fit hommage à Celui qui l'en avait si libéralement pourvue. Méprisant le ridicule que le monde attache à la dévotion, elle pratiqua hautement la vertu et la fit aimer. Devenue veuve par la mort de son mari, qui était président au parlement de Dijon, elle se livra tout entière aux bonnes œuvres. Elle était la mère des pauvres, l'appui des orphelins, le refuge des malheureux. Tandis qu'elle se contentait pour elle-même d'un simple potage, et souvent d'un morceau de pain, elle nourrissait de pauvres et vertueuses familles des mets qui couvraient sa table. Elle remplit, jusqu'à la mort, tous ses jours de bonnes œuvres et de mérites. Elle n'en perdit aucun, parce qu'elle savait qu'il lui en faudrait rendre compte.

Nous jouons avec la vie, comme si pour nous elle devait ne jamais finir. Pensons-y bien : on meurt à tout âge, et la plus longue vie n'est à l'éternité que ce qu'est la goutte d'eau à la vaste étendue des mers. A la mort, tout nous quitte ; nos œuvres seules nous suivent devant Dieu. Puissent-elles nous mériter un jugement favorable, et que notre réveil aux pieds du souverain Juge soit un réveil sans crainte et sans terreur !

———

CHAPITRE XX

La vie du chrétien est une vie de pénitence, de mortification, de renoncement. Mais gardons-nous pourtant de croire que la religion soit un tyran dur et cruel qui se plaît à voir couler nos larmes et à nous imposer un joug intolérable. L'Ecriture elle-même nous dit que nous pouvons nous délasser et nous récréer, pourvu que ce soit dans l'innocence.

Il est donc certain, et il est admis dans la morale la plus exacte, que les divertissements honnêtes ne sont pas incompatibles avec la véritable sagesse. Mais si nous voulons que nos plaisirs soient dignes d'elle et qu'elle les approuve, il ne faut pas y placer notre bonheur, ni les goûter pour nous-mêmes. Nous devons les épurer, les ennoblir par la pureté de nos motifs, et les réduire dans les bornes du délassement et du remède. Ne les proscrivons pas tous sans réserve, mais aussi ne les admettons pas tous sans distinction ; il y en a de si flatteurs, qu'il est bien difficile de ne pas s'y livrer avec excès, et de leur jamais rien sacrifier de ce qui est dû à la vertu et au devoir. Il y en a dont le poison est si subtil et si trompeur qu'on le prend avec avidité, et que lors même qu'on en éprouve les funestes effets, on insulte à la simplicité de ceux qui les redoutent et les fuient. Il y en a qui, par des routes semées de fleurs, conduisent aux plus horribles précipices. Il faut donc savoir les choisir avec sagesse et les goûter avec modération. L'abus des plus innocents même est aussi funeste que l'usage modéré en est gracieux. Déridez la sagesse, à la bonne heure, et égayez la vertu; mais consultez-les toujours dans vos divertissements : les plaisirs les plus agréables sont ceux que les remords n'accompagnent jamais.

Préférez les plaisirs doux et tranquilles; on les goûte mieux quand ils ne sont pas si vifs. D'ailleurs la joie immodérée est courte, les sentiments violents ne durent pas, l'âme ne peut y suffire, et le corps s'en ressent. Les plaisirs bruyants ne seront jamais ceux du sage. On les cherche pour se désennuyer, et l'on ne s'ennuie jamais tant qu'après les avoir pris. Ils laissent un vide qu'on croit remplir par de nouveaux plaisirs, mais on s'en dégoûte bientôt comme des premiers. On court de plaisirs en plaisirs, parce qu'on ne peut être rendu un moment à soi-même sans éprouver un ennui mille fois plus insupportable que celui qu'on a voulu éviter.

C'est surtout aux devoirs sacrés et indispensables de notre état que nous devons immoler nos plaisirs. Exigent-ils, ces devoirs, qu'on leur sacrifie les plaisirs les plus agréables, les plus innocents mêmes? il faut être déterminé à le faire dans toutes les occasions. Telle est la loi de l'honneur et de la conscience.

Le devoir avant tout, et le plaisir après.

Tout doit être immolé au devoir : on doit aimer à le remplir, on doit le préférer à tout. Les amusements les plus honnêtes, d'ailleurs, deviennent blâmables dès qu'ils demandent un temps qu'on doit mieux employer. C'est ce qu'un musicien osa un jour faire sentir à Philippe, roi de Macédoine. Ce prince lui faisait un reproche de ce que l'air qu'il venait de chanter n'était pas selon les règles. « A Dieu ne plaise, seigneur, répondit ce musicien, que vous ne soyez jamais si habile que de savoir ces choses-là mieux que moi ! »

Tandis que les Anglais ravageaient les états de Charles VII, roi de France, ce prince faisait exécuter un ballet qu'il avait imaginé. « N'ai-je pas bien trouvé, dit-il à quelques-uns de ses courtisans, le moyen de me divertir? — Eh ! oui, sire, lui répondit un zélé et fidèle officier, il faut convenir qu'on ne saurait perdre une couronne plus gaiement. » Charles VII ne se fâcha point de la liberté de cette réponse, et il en profita pour travailler lui-même au rétablissement de ses affaires.

Chef de famille, nous vous l'avons déjà dit : une de vos principales obligations, c'est de procurer à vos enfants une éducation qui les empêche, dans un âge plus avancé, de regretter le temps de leur jeunesse, une éducation non-seulement polie et conforme à leur état, mais vertueuse et chrétienne. Vous devez de bonne heure éloigner de ces âmes pures et innocentes le souffle empoisonné de la contagion, cultiver avec joie leur talents naturels, et préparer à la patrie, dans ces jeunes élèves, des sujets capables de la servir utilement. Mais pouvez-vous les remplir, ces obligations, et les remplissez-vous en effet, lorsque, vous livrant à vos plaisirs, vous leur offrez l'exemple trop persuasif d'une vie inutile et dissipée; lorsque, pour vous épargner à vous-mêmes les embarras de la vigilance, vous ne leur donnez d'autres surveillants que des domestiques qui en auraient eux-mêmes besoin ?

Ne pourrait-on pas également demander aux mères si elles remplissent leurs devoirs à l'égard de leurs enfants, lorsqu'au lieu de veiller assidûment, comme il serait nécessaire, sur leurs inclinations naissantes, pour les tourner vers le bien, au lieu de leur donner de sages leçons, telles que la mère de Salomon en donnait à son fils, leçons qui, dictées par la tendresse et l'amour, passeraient en traits de flamme dans ces jeunes cœurs ; au lieu de se livrer à des soins si doux pour une vraie mère qui veut doublement en mériter le nom, on les voit ne s'occuper que d'elles-mêmes et de leurs plaisirs?

La gloire d'une femme, c'est d'être dans son intérieur bonne mère, épouse tendre et dévouée. Là est son trône, sa grandeur, sa puissance, sa vertu. Partout on est persuadé qu'il n'y a point de bonnes mœurs pour les femmes hors d'une vie retirée et domestique ; que les paisibles soins de la famille et du ménage doivent faire leurs plus agréables occupations et leurs plus doux plaisirs, puisque c'est à cela principalement que la nature les a destinées.

Peut-on douter qu'on ne doive sacrifier ses plaisirs à son devoir, puisqu'on doit même, s'il le faut, lui sacrifier son repos, ses biens, sa vie, tout ce qu'on a de plus cher. Rotrou, célèbre poëte français, était revêtu de la première magistrature de la petite ville de Dreux, sa patrie, lorsqu'elle fut affligée d'une maladie épidémique. Pressé par ses amis de Paris de mettre sa vie en sûreté et de quitter un lieu si dangereux, il répondit que sa conscience ne lui permettait pas de suivre ce conseil, parce qu'il n'y avait que lui qui pût maintenir le bon ordre dans ces circonstances. « Ce n'est pas, ajoutait-il en finissant sa lettre, que le péril où je me trouve ne soit fort grand, puisqu'au moment où je vous écris, les cloches sonnent pour la vingt-deuxième personne qui est morte aujourd'hui. Ce sera pour moi, quand il plaira à Dieu. » Qu'il est beau, qu'il est grand de penser ainsi! et quel sort plus digne d'envie que celui d'une personne qui meurt en faisant son devoir !

Et pour vous rendre heureux modérez vos désirs.

Au lieu de chercher le bonheur dans cette modération conseillée par le sage, les hommes le poursuivent au sein des plaisirs, des richesses, des honneurs, fantômes brillants qui n'ont du bonheur que le masque, et qui ne donnent à ceux qu'ils ont séduits que la honte, le regret et souvent le remords !

Non, un vaisseau battu d'une tempête affreuse, roulant au gré des flots en fureur, au milieu des éclairs, n'est pas plus agité qu'un esprit inquiet qui se livre à tous ses désirs. Celui, au contraire, qui sait les modérer et les tenir sous son empire, ressemble à un vaisseau qui, poussé par les doux zéphirs, vole légèrement sur les ondes et arrive heureusement au port.

Il est plus facile de réprimer un premier désir que de satisfaire tous ceux qui viennent ensuite, comme le disait le prince de Conti. Il se refusait aux goûts les plus innocents, à la curiosité même des peintures où ses infirmités auraient pu trouver un délassement. Il répondait aux instances que lui faisait là-dessus la princesse son épouse, qu'en se livrant à un goût, on s'accoutume à se livrer à tous, et qu'il faut savoir, ou ne pas tant désirer, ou se passer de ce qu'on désire.

Salomon, qu'aucun prince n'égalera jamais ni pour la vaste étendue des connaissances, ni pour la multitude des richesses, et qui avait accordé à son cœur tous les plaisirs qu'il pouvait désirer, avouait néanmoins lui-même qu'il n'avait trouvé dans toutes ces choses que vanité, et qu'il n'y avait de vrai bien et de vrai bonheur que pour celui qui cherche à servir Dieu et à lui plaire.

CHAPITRE XXI

On peut dire des mauvaises sociétés ce que l'Ecriture dit des mauvais entretiens : « Elles corrompent les bonnes mœurs ; elles détruisent le plus beau naturel, les plus heureuses inclinations. » Combien de fois n'a-t-on pas vu les fruits précieux d'une longue et sage éducation, détruits en peu de temps par le souffle empoisonné des compagnies dangereuses ! C'est ce qui arriva à ce jeune homme de qualité dont parle le célèbre chancelier Gerson. Il avait été longtemps un modèle d'innocence et de piété ; mais s'étant malheureusement lié avec un libertin, les discours et les exemples de cet ami corrompu l'infectèrent bientôt et le pervertirent entièrement. Il se livra comme lui aux plus grands désordres. Atteint d'une maladie mortelle, le souvenir de ses crimes le jeta dans le désespoir. « Malheur à celui qui m'a séduit ! dit-il au prêtre qui l'exhortait : mes crimes sont trop grands pour que je puisse en espérer le pardon. Je vois l'enfer ouvert pour me recevoir. » En prononçant ces dernières et tristes paroles, il expira.

Parents qui avez de la vertu et qui voulez conserver à vos enfants celle que vous avez tâché de leur inspirer, vous ne sauriez trop les prémunir contre les funestes effets que produisent les mauvais exemples. Le jeune homme tenté par les exemples corrupteurs que le monde offre à ses yeux, aura bien de la peine à se soutenir, si vous ne l'affermissez. Fortifiez-le donc ; armez-le de bonne heure des plus sages conseils ; revenez à la charge à mesure que le péril augmente ; ne vous lassez pas de travailler, jusqu'à ce que le caractère soit tout à fait formé. Faites-lui surtout bien connaître ceux dont il doit le plus éviter la compagnie, et dites-lui, avec ce zèle que doit vous donner votre tendresse, et avec ce ton persuasif qui est celui de l'amour : « O mon fils ! j'ai travaillé sans relâche jusqu'à présent à jeter dans votre âme les précieuses semences de toutes les vertus et à les faire éclore. Je sens mon amour croître avec vos heureuses inclinations. Mais, plus je vous aime, plus je tremble pour vous que vous ne veniez à former des liaisons suspectes et dangereuses. Vous désirez savoir quelles sont celles dont vous devez principalement vous défendre. Ce souhait, qui est pour moi d'un si heureux augure, je me hâte de le satisfaire.

» Evitez avec soin tous ceux dont la conduite licencieuse, les discours libres, les goûts honteux font monter la rougeur au front de toute âme honnête. Evitez ces apôtres du vice qui, jaloux de votre vertu, chercheront à la flétrir et vous présenteront la coupe empoisonnée du mal. Qu'un mépris profond soit le bouclier où viendront se briser les traits perfides dirigés par eux contre votre innocence, et que la religion soit votre refuge contre leurs attaques, leurs railleries et leurs piéges.

» Evitez surtout les impies. De nos jours, l'irréligion marche la tête levée et conspire ouvertement contre Dieu. Décorant sa fausse sagesse du nom de philosophie, elle a formé l'horrible complot de renverser les autels, de déraciner la foi, de corrompre l'innocence et d'étouffer dans les âmes tout sentiment de vertu. Résolue de porter à la religion les coups les plus funestes, elle exhorte, par mille discours téméraires et par une multitude d'écrits scandaleux, à briser ses liens, à secouer son joug. Nos prétendus sages voient avec complaisance la jeunesse courir en foule à leurs leçons et boire avec avidité le poison de l'erreur dans les coupes perfides qu'ils lui présentent. Ils ne comprennent pas qu'ils ne sont que les exécuteurs de la vengeance divine, qui se sert d'eux, dans la profondeur de ses desseins, pour perdre ceux qui méritent de périr par l'abus qu'ils font des grâces de Dieu. Leurs succès rapides les enhardissent à produire tous les jours de nouveaux blasphèmes. Mais attendons les moments du Seigneur : il viendra, dans sa colère, souffler contre cet amas pompeux d'iniquités, et il le réduira en poussière. Craignez, mon fils, d'être enveloppé dans leur ruine : fuyez-les avec la même horreur qu'on fuit la vue du serpent prêt à lancer son venin. Puisqu'ils veulent se corrompre et vous corrompre avec eux, fendez la presse, retirez-vous à l'écart, ou allez respirer un air plus pur dans la compagnie des gens de bien.

» Car, ne vous y trompez pas, mon fils, presque tous les impies sont des libertins publics ou cachés. Une expérience journalière, bien honteuse pour le parti de l'impiété, ne nous apprend-elle pas que les doutes par rapport à la religion ne surviennent dans l'esprit que quand les passions sont devenues les maîtresses du cœur? On n'entre dans les voies de l'irréligion qu'après avoir abandonné celle de l'innocence. »

Ainsi parlera un père sage et vertueux; et sa parole, bénie par le Seigneur, portera des fruits de vie et de salut. Il prémunira son fils contre l'attrait de ces passions dangereuses qui flétrissent l'âme, tuent le corps, donnent à l'adolescence une vieillesse prématurée et creusent l'abîme éternel des vengeances du Dieu trois fois saint.

Si la société des fats offre moins de danger que celle

des libertins, elle ne convient pas plus à un homme d'esprit et de cœur.

Le fat est enchanté de lui-même : aussi aime-t-il à se montrer. Il croit plaire à tout le monde et être admiré de ceux mêmes qui se moquent de lui. Quoiqu'on n'aperçoive en lui rien de grand que l'opinion qu'il a de lui-même, il est tout rempli de son prétendu mérite et croit que personne ne le vaut. Il a la plus haute idée de ses talents, et il est le plus content du monde de sa personne. Un fat qui ressemblait à celui dont nous venons de parler, mena un jour chez une dame de considération le jeune marquis de Tierceville, dont la physionomie peu spirituelle n'annonçait pas autant d'esprit qu'il en avait. Il dit en entrant : « Madame, je vous présente M. le marquis de Tierceville, qui n'est pas si sot qu'il le paraît.

— C'est, madame, reprit aussitôt le jeune marquis, la différence qu'il y a entre monsieur et moi. »

Le fat est entre l'impertinent et le sot : il n'a ni l'insolence du premier ni la bêtise du second ; mais, comme tous les deux, il choque, il rebute, il dégoûte. Le sot n'a pas assez d'esprit pour être fat ; le fat n'a pas assez de jugement pour être homme d'esprit. Le fat qui a quelque esprit en abuse et ne sait pas s'en servir à propos. Il est affecté dans ses expressions comme dans ses manières.

Choisissez vos amis....

Cherchez à être aimé de tous; mais ayez vous-même peu d'amis et choisissez-les bien. L'impie, le libertin, amis pernicieux. Le vain, l'ambitieux, amis faux. Le joueur, l'intrigant, amis dangereux. Le donneur de mauvais conseils, le flatteur, amis funestes. Mieux vaut un isolement complet de l'âme que ces sortes d'amis; l'intérêt propre est le seul mobile de leur affection prétendue, et nous ne retirons de leur amitié ni plaisir ni consolation.

L'amitié, cette douce union des cœurs, ne peut être véritable et solide que quand elle a pour fondement l'honneur et la vertu. La vertu qui attache est une chaîne qui ne peut se rompre. Faites-vous donc une maxime inviolable de ne choisir pour amis que des gens de bien; car il n'y a pas d'autres vrais amis, et ces amis précieux ne sont que pour ceux qui leur ressemblent. Attachez-vous à l'homme droit et vrai, qui n'aime ni les déguisements ni les détours de la finesse, incompatibles avec la sincérité et l'ouverture que demande l'amitié. Cherchez une humeur douce et facile qui fait le plus grand agrément des liaisons, un caractère complaisant qui sympathise avec le vôtre; car il n'y a que la conformité de caractère qui puisse rendre les unions durables : c'est la sympathie qui rapproche les cœurs et qui resserre les liens de l'amitié. Si celui dont vous voulez faire votre ami joint à ces qualités un bon cœur, quand il aurait quelques petits défauts, ne balancez pas, le marché ne saurait manquer d'être excellent pour vous.

De quelle utilité n'est point un bon ami! La fortune peut nous élever assez pour nous affranchir d'une infinité de besoins; mais quelque pouvoir qu'elle ait, elle ne fera jamais qu'on puisse se passer d'un fidèle ami. Plus nous serons heureux, plus il nous sera nécessaire, quand ce ne serait que pour nous donner de bons conseils, pour nous dire la vérité, pour nous avertir de nos défauts. La fortune, qui est aveugle, rend aveugles ses favoris; et comment nous corrigerait-elle de nos vices, puisqu'elle commence par nous ôter nos vertus?

Ayez donc des amis, cherchez-en; ils sont une source d'agréments et de bons conseils : mais, encore une fois, sachez les distinguer et les choisir. N'ambitionnez pas d'en avoir un grand nombre. Celui qui appelle toutes sortes de personnes ses amis, n'en a point. Contentez-vous d'en avoir deux ou trois d'un commerce sûr, aisé et

agréable, avec qui vous puissiez retirer tous les avantages et goûter toutes les douceurs de l'amitié. Bornez-
vous même à un seul, si vous n'en trouvez qu'un seul
sur lequel vous puissiez compter. Un seul bon ami vaut
mieux que beaucoup d'amis équivoques. Il y en a tant
de ceux-ci, et les vrais amis sont si rares! Un jeune
homme à qui son père demandait d'où il venait, ayant
répondu qu'il venait de voir un de ses amis : « Vous en
avez donc plusieurs, dit le père. Ah! que vous êtes infiniment plus heureux que moi, puisqu'en soixante-dix
années qu'il y a que je suis au monde, à peine ai-je pu
en trouver un ! »

Quels sont, en effet, la plupart de ceux qui se décorent
d'un si beau titre? Des amis passagers qui, semblables à
l'hirondelle, fuient loin de nous quand l'hiver de l'adversité fait sentir ses rigueurs, et que la riante saison
du bonheur a passé. Tant que l'on peut leur être utile,
servir leurs plaisirs ou leurs besoins, ils accablent de
protestations d'amitié; leur dévouement est sans bornes;
ils donneraient pour vous jusqu'à leur vie. Avez-vous
occasion de les mettre à l'épreuve? ils se retirent, vous
ne les voyez plus, et souvent même ils vous paient de
vos bontés en vous calomniant et en déchirant votre
cœur par les preuves de la plus noire ingratitude.

L'ami fidèle et sincère ne connaît de sacrifices à faire
que pour y trouver son bonheur. C'est là sa joie, la plus
grande douceur qu'il trouve dans le sentiment auquel
il s'est voué. Semblable à la charité, l'amitié véritable
est patiente, elle ne s'aigrit point ; elle croit tout, et
sa confiance n'élève pas même un doute sur l'ami qu'elle
a choisi : elle s'appuie sur lui comme un enfant sur le
sein de sa mère, et, comme une mère, à son tour elle
compatit à tous ses maux, partage toutes ses douleurs,
est heureuse de toutes ses joies, et semble ne vivre que
pour les intérêts de l'objet de son affection.

Voulez-vous être du nombre de ces amis sincères dont

je viens de parler? Que ce soit le cœur seul qui vous attache à vos amis, sans aucun égard à leur bonne ou à leur
mauvaise fortune. Quelque chose qui leur arrive, souvenez-vous bien que se déclarer l'ami de quelqu'un, c'est
s'engager à l'être dans tous les temps, dans toutes les occasions, dans toutes les situations de la vie. Aussi supé-
rieure aux revers qu'inaccessible à l'envie, la vraie amitié
partage l'infortune comme la félicité : c'est même dans
le malheur qu'elle se montre avec plus d'éclat. La prospérité donne des amis; l'adversité les éprouve. Quoique
la fidélité constante dans les malheurs et les disgrâces
soit bien rare, il s'en trouve néanmoins quelquefois
des exemples; et les fastes de l'amitié en ont conservé
qui méritent de servir de modèles.

Freind, premier médecin de la reine d'Angleterre,
s'était élevé avec force dans le parlement contre le mi-
nistère. Cette conduite ayant indisposé la cour, on lui
suscita des affaires, et il fut enfermé dans la Tour de
Londres. Environ six mois après, le ministre tomba
malade. Il envoya chercher le célèbre médecin Méad.
Celui-ci, après s'être mis au fait de la maladie, dit au
ministre qu'il lui répondait de sa guérison, mais qu'il
ne lui donnerait pas seulement un verre d'eau que
Freind, son ami, ne fût sorti de la Tour. Le ministre,
quelques jours après, voyant sa maladie augmenter,
fit supplier le roi d'accorder la liberté à Freind. L'ordre
expédié, le malade crut que Méad allait ordonner ce
qui convenait à son état; mais ce médecin persista dans
sa résolution jusqu'à ce que son ami fût rendu à sa
famille. Ce qui ayant été fait, Méad traita le ministre
et lui procura en peu de temps une guérison parfaite.
Le soir même, il porta à Freind environ cinq mille
guinées, qu'il avait reçues pour ses honoraires en trai-
tant les malades de son ami pendant sa détention, et
l'obligea de recevoir cette somme.

Vous vous trouverez rarement dans le cas de rompre

si vous prenez pour règle, comme nous l'avons dit,
de ne choisir que des amis vertueux et gens de bien, et
si vous avez soin de les éprouver avant que de vous
lier avec eux. Ne donnez jamais votre amitié qu'après
vous être assuré qu'on en est digne, et ne vous em-
pressez pas à mettre au nombre de vos amis ceux dont
vous n'aurez pas connu auparavant, à des marques
certaines, l'attachement sincère et la fidélité. Il faut les
éprouver dans les commencements du commerce : c'est
le faire trop tard que d'attendre qu'on soit ami. Il faut
mettre à l'épreuve ceux qu'on veut aimer, et ménager
ceux qu'on aime.

Il n'est qu'une circonstance ou l'amitié doit se briser :
c'est lorsque cette amitié peut devenir funeste ou dangereuse, quand la religion ou la conscience ne permettent plus qu'elle subsiste. Alors, si dur que soit le
sacrifice, rompez votre liaison et déchirez votre cœur
plutôt que de risquer à perdre votre âme.

.... Voyez d'honnêtes gens.

Ce n'est pas seulement dans une liaison intime, c'est
dans tous ses rapports qu'il faut pratiquer cette maxime
pleine de sagesse. Ne fréquentez que des personnes po-
lies, d'un esprit juste et sûr, chez qui tout ce qu'on voit,
tout ce qu'on entend, respire les bonnes mœurs et la
décence. Là, votre vertu prendra de nouveaux accrois-
sements, votre réputation gagnera l'estime de tous, et
vous éviterez tous les écueils où souvent la jeunesse fait
de si tristes naufrages.

Quelle différence entre le commerce de ces hommes
choisis avec qui, pendant la plus longue vie, on trouve
toujours à profiter, et celui des libertins, des gens sans
mœurs, sans religion, sans politesse, avec qui il y a
toujours beaucoup à perdre. La société des premiers
perfectionne et fait honneur ; celle des autres corrompt et

déshonore. « Celui qui fréquente les sages, dit Salomon, deviendra sage lui-même, et l'ami des insensés deviendra semblable à eux. »

Voyez donc d'honnêtes gens dès votre jeunesse, et la société trouvera en vous un sûr appui, parce que vous suivrez toujours les voies de la justice, de l'honneur et de la probité. Vos jours s'écouleront doux et tranquilles, parce que les passions réprimées par l'habitude n'auront aucun empire sur vous. Votre mort sera paisible, parce que vous aurez vécu en homme de bien, et que ce moment sera celui de votre récompense.

CHAPITRE XXII

Sobre pour le travail, le sommeil et la table,
Vous aurez l'esprit libre et la santé durable.

Trop de fatigue use le corps, trop d'étude épuise la tête, trop d'affaires accable l'esprit. On voit des personnes qui embrassent une multitude d'affaires : elle n'en ont jamais assez; elles vont, elles viennent avec empressement, et au fond elles ne peuvent rien mener à bien.

Ce n'est pas qu'il faille négliger ses affaires ou en abandonner le soin à d'autres; faites-les au contraire par vous-mêmes le plus qu'il vous sera possible; mais ayez en cela, comme en tout le reste, de la modération et de la sagesse. Les affaires vous sont données comme une occupation pour votre esprit : n'en faites pas son supplice. Interrompez votre application par quelques délassements. Travaillez rarement plus de deux heures de suite, sans y mêler quelques moments de repos. Vous retournerez avec plus de plaisir et de goût à vos occupations; votre mémoire sera plus prompte, votre esprit plus pénétrant, votre jugement plus net; vous regagnerez le temps que vous paraîtrez avoir perdu; les affaires n'en iront pas plus lentement et ne s'en feront que mieux; vous conserverez votre santé, que des travaux trop longs, trop continués, ne manqueraient pas d'altérer ou d'affaiblir.

Un chasseur, dit Cassien, ayant vu saint Jean qui tenait une perdrix et la caressait avec la main, lui en témoigna sa surprise. « Mon ami, lui répondit l'apôtre, que tenez-vous en votre main ?

— Un arc, lui dit ce chasseur.

— Pourquoi donc n'est-il pas bandé, et ne le tenez-vous point toujours prêt ?

— Il ne le faut pas, répondit l'autre, parce que s'il était toujours tendu, quand je voudrais m'en servir, il n'aurait plus de force.

— Ne vous étonnez donc pas, reprit saint Jean, que notre esprit doive se relâcher aussi quelquefois, parce que si nous le tenions toujours tendu, il s'affaiblirait par cette contention, et nous ne pourrions plus nous en servir lorsque nous voudrions l'appliquer de nouveau avec plus de force et de vigueur. »

Je sais qu'il est un travail auquel oblige le besoin et qui courbe tout le jour sous son poids. Mais il faut encore en modérer l'excès ; il faut qu'une basse cupidité ne nous porte pas à travailler au-dessus de nos forces, pour contenter tel ou tel caprice que nous appelons des besoins ; il faut qu'un repos réparateur succède au travail du jour, et que les heures destinées au sommeil n'aillent pas s'engloutir dans le gouffre des plaisirs.

Si l'excès du travail est pernicieux, l'excès du repos l'est encore plus. L'inaction est comme la rouille qui gâte beaucoup plus que l'usage. Une clef dont on se sert souvent est toujours claire.

Le sage n'est jamais oisif : il se fait quelques occupations honnêtes, pour remplir le vide que ses affaires peuvent lui laisser. Persuadé que le travail le moins honorable déshonore encore moins que la paresse, il ne rougit d'aucun travail ; l'oisiveté seule lui paraît honteuse. Si le loisir lui semble doux, ce n'est pas parce qu'on n'y fait rien, c'est parce qu'on y est le maître de choisir et de modérer ses occupations.

Le sommeil. Les choses les plus utiles, les plus nécessaires même peuvent devenir pernicieuses, et partout le mal est voisin du bien. Le sommeil est sans doute un des plus doux présents du Ciel ; il prévient les maladies, il répare les forces, il délasse des travaux, il tempère les amertumes et les peines de la vie. Mais si vous désirez que votre sommeil, conformément aux intentions de la Providence, soit doux et paisible, et qu'il soit pour vous un sommeil de santé, ayez soin de le régler suivant les conseils de la sagesse.

La juste mesure du repos, la régularité et la tranquillité du sommeil sont un des plus fermes appuis de la santé. Celui qui ne dort que ce qu'il faut et dans le temps le plus propre au sommeil; celui dont l'âme n'est agitée par aucune passion violente ni le corps surchargé par aucun excès, se couche et s'endort dans le même moment. Son sommeil est tranquille et profond : il est difficile de l'en tirer. Mais aussitôt que la nature est satisfaite et que ses forces sont réparées, il se réveille ; il est frais, sain, vigoureux et gai, comme on le voit d'ordinaire dans les artisans et dans les gens de la campagne. Il n'en est pas de même des personnes amies du plaisir et de ces désœuvrés qui, pour prendre ou prolonger leur repos, consultent plus la mollesse que la nécessité, la paresse que le besoin, et le caprice que la nature. C'est en vain qu'ils attendent le sommeil ; il fuit loin de leurs yeux : leur impatience même ne sert qu'à l'éloigner davantage.

La table. Ne mettez pas votre bonheur dans une vie dont la sensualité semble être l'unique base. Ne connaître et ne goûter de plus grands plaisirs que ceux de la table, est un vice qui dégrade. C'est un défaut bas et honteux qui rapproche l'homme de la brute et souvent même le place au-dessous d'elle. Les animaux, le plus souvent, se bornent au nécessaire; s'ils trouvent des aliments qui ne répugnent pas à leur goût, ils s'en contentent, n'en prennent que ce qu'ils ont besoin et ne cherchent rien de plus. Que d'hommes livrés à la honteuse passion de la gourmandise se mettent donc au-dessous des bêtes en s'abandonnant à un appétit brutal et déshonorant!

Si vous aimez votre santé et votre vie, aimez la sobriété, n'oubliez jamais le précepte que vous donne ici la sagesse. Les plaisirs de la table, pris sans modération, ne sont agréables que pour le moment : on les achète souvent bien cher; et la nature ne tarde pas à se venger, quand on la force de prendre ce qu'elle ne demande point. La frugalité, au contraire, flatte moins dans le moment; mais les suites en sont douces et agréables. Timothée, citoyen d'Athènes, avait fait chez Platon un repas frugal où il avait eu beaucoup de plaisir. L'ayant rencontré le jour suivant, « Ami, lui dit-il, vos repas me plaisent beaucoup, parce qu'on s'en trouve bien, même encore le lendemain. »

L'exercice est, après la sobriété, un des plus ordinaires et des plus excellents conservateurs de la santé. Une vie trop sédentaire accumule les humeurs, rend l'estomac paresseux, le corps délicat et souvent peu propre aux fonctions communes de la vie. L'action, au contraire, et le mouvement entretiennent la vigueur du corps, raniment celle de l'esprit, et garantissent de beaucoup d'infirmités.

Mais ce qui vaut peut-être encore mieux, c'est la gaieté, cette aimable effusion de l'âme, qui tient souvent lieu d'esprit dans la société, de compagnie dans la solitude, et de remède dans les maladies. Ce qui est certain, c'est que la médecine n'a point de plus excellents remèdes pour prévenir les maux que l'exercice, la tempérance et la joie. On demanda un jour à Léonicéni, célèbre médecin italien, par quel secret il avait conservé

pendant plus de quatre-vingt-dix ans sa mémoire , tous
ses sens , un corps droit et une santé pleine de force. Il
répondit qu'il devait la vigueur de son esprit à la pureté
de mœurs dans laquelle il avait toujours vécu, et la
santé de son corps à sa sobriété et à sa gaieté. Celle-ci,
pour être pure et constante, doit avoir sa source dans
le contentement de l'esprit et dans la tranquillité de la
conscience. La bonne conduite est la mère de la gaieté,
et la gaieté est la mère de la santé.

CHAPITRE XXIII

Ne demandez à Dieu ni grandeurs ni richesses.

C'est là, il est vrai, ce qui fait l'objet des désirs et des vœux empressés de la plupart des hommes ; mais ils ne désireraient guère avec tant d'ardeur s'ils connaissaient parfaitement ce qu'ils désirent. « Tu demandes aux dieux ce qui te semble bon, disait Diogène, et ils t'exauceraient peut-être s'ils n'avaient pitié de ton imbécilité. » Qu'est-ce, après tout, devons-nous dire à nous-mêmes, que cette grandeur qui m'enchante, que ces honneurs qui me transportent, que cette poignée d'or qui m'éblouit ? Ne suffit-il pas de les examiner attentivement et dans le silence des passions, pour en être bientôt détrompé ? Essayons de le faire, et avant que d'aspirer aux honneurs et aux richesses, méditons un peu sur leur vanité.

Rien n'est plus brillant que les grandes dignités et les emplois honorables ; on se voit élevé au-dessus des autres hommes, on commande à ses semblables, on reçoit leurs respects et leurs hommages. Mais perçons cette enveloppe éclatante, nous serons surpris de trouver que ces dignités et ces emplois ne sont le plus souvent que de grands fardeaux et de vraies servitudes, ou, pour se servir de l'expression d'un ancien philosophe, *d'honorables tortures.*

L'homme s'ennuie au milieu de sa gloire, de ses titres et de ses envieux. Ces honneurs qui auraient dû, ce semble, satisfaire son cœur, n'y portent que le dégoût et l'inquiétude. La fortune peut nous rendre plus puissants, mais non pas pas plus heureux. « Que ne puis-je, dit Mme de Maintenon dans une de ses lettres, vous peindre l'ennui qui dévore les grands, et la peine qu'ils ont à remplir leurs journées ! Ne voyez-vous pas que je meurs de tristesse dans une fortune qu'on aurait eu peine à imaginer ? Je suis parvenue à la plus haute faveur, et je vous proteste que cet état me laisse un vide affreux. » Quoi de plus capable de détromper du bonheur prétendu des grandeurs humaines qu'un tel aveu fait par une personne que la duchesse de Chaulnes appelait la plus heureuse des femmes !

Il y a dans la vie de Timur-Lenh, c'est-à-dire Timur le Boîteux, plus connu sous le nom de Tamerlan, un fait qui démontre bien ce que ce fameux conquérant pensait des honneurs et des dignités qui paraissent les plus dignes d'envie. Après avoir défait et pris Bajazet, empereur des Turcs, il le fit venir en sa présence. S'étant aperçu qu'il était borgne, il se mit à rire. Bajazet, indigné, lui dit fièrement : « Ne te ris point, Timur, de ma fortune ; apprends que c'est Dieu qui est le distributeur des royaumes et des empires, et qu'il peut demain t'en arriver autant qu'il m'en arrive aujourd'hui. — Je sais, lui répondit Timur, que Dieu est le dispensateur des couronnes. Je ne ris point de ton malheur, à Dieu ne plaise ! mais la pensée qui m'est venue en te regardant, c'est qu'il faut que ces sceptres et ces couronnes soient bien peu de chose devant Dieu, puisqu'il les distribue à des gens aussi mal faits que nous deux : à un borgne tel que tu es, et à un boiteux comme moi.

Peu de bien avec l'innocence et la probité vaut mieux que des tonnes d'or amassées par les mains de l'injustice. Le grand Turenne étant dans le comté de la Mark en Allemagne, on lui proposa de lui faire gagner, par le moyen des contributions, cent mille écus, sans que la cour en eût aucune connaissance. Il répondit en riant : « Après avoir eu beaucoup de ces occasions sans en avoir profité, je ne suis pas d'humeur de changer de conduite à mon âge. »

Que de peines et d'inquiétudes ne donnent pas les grands biens ! Que de moments d'humeur et de tristesse obscurcissent les plus beaux jours du riche ! que de regrets surtout et de frayeurs n'a-t-il pas à la mort ! On a bien peu d'années à posséder les plus immenses richesses. Quelque considérables qu'elles soient, il faudra bientôt les quitter ; et plus le sacrifice est grand, plus il coûte. Ce sont comme autant de liens qui attachent à la vie. « O mort, s'écrie avec ce roi infidèle de l'Ecriture le riche mondain près du tombeau où il va être dépouillé de tout, ô mort, que tu es amère ! et qu'il est douloureux de se séparer de ce qu'on aime ! »

Plus la vie a été douce et agréable, plus on la voit arracher avec regret. Et peut-on même dire pour l'ordinaire qu'elle ait été douce et agréable ? Victime de ses intempérances et de ses excès, en proie aux douleurs et aux maladies, le riche souvent ne goûte aucun plaisir. La joie pure et douce fuit loin de son cœur. Les meilleurs mets de sa table sont moins pour lui que pour les autres. On se divertit, on se réjouit chez lui, tandis qu'il souffre et qu'il se plaint. Telle est la triste condition de bien des riches. A moins que l'homme opulent ne vive comme les personnes d'un état médiocre, ses richesses, loin de lui être avantageuses, ne font qu'abréger ses jours et le rendre malheureux.

Aussi le plus sage des rois, convaincu de la vanité des grandes richesses, et les mettant bien au-dessous de

l'heureuse médiocrité, ne demandait à Dieu que celle-ci :
« Seigneur, lui disait-il, ne me donnez ni la mendicité
ni les richesses ; donnez-moi seulement ce qui m'est nécessaire pour vivre, de peur qu'étant dans l'abondance,
je ne sois tenté de vous renoncer, et de dire : Qui est le
Seigneur ? ou que, pressé par l'indigence, je ne dérobe
le bien d'autrui. »

Mais pour vous gouverner, demandez la sagesse.

La bonne conduite est le plus nécessaire de tous les
biens et le plus précieux de tous les trésors ; elle procure les autres biens ou les conserve, et supplée quand
on ne les a pas. Mais elle n'est donnée qu'à ceux qui ont
reçu en partage la sagesse ; et cette sagesse est elle-même
un don de Dieu, qui ne l'accorde qu'à ceux qui la demandent.

Salomon avait compris ce que valait la sagesse, aussi
la demanda-t-il à Dieu de préférence à tous les autres
biens ; et Dieu, content du choix de ce jeune prince,
lui donna la vertu qu'il désirait, et avec elle tous les
trésors qu'il ne désirait pas. Demandez comme lui,
comme lui vous recevrez.

Mais ce bien précieux, c'est, après Dieu, aux parents
à le procurer à leurs enfants par une vertueuse éducation, et c'est aux enfants à le mériter par une grande
docilité. Il y a tout à espérer de celui qui est docile et
qui reçoit avec attention les sages leçons qu'on lui donne.
Aussi cette qualité si nécessaire, qui est en même temps
le principe et le fruit d'une bonne éducation, le dauphin, fils de Louis XV, avait eu soin de l'inspirer de
bonne heure à ses enfants ; et son fils aîné, le duc de
Bourgogne, jeune prince de beaucoup d'esprit et d'une
grande espérance, en donna un jour un bel exemple.
Il avait contredit son gouverneur, et dans la vivacité de
la dispute, il s'échappa jusqu'à lui dire : « Nous verrons

qui de nous deux aura raison. » Mais, faisant aussitôt réflexion que cette saillie était contraire à la déférence et à la docilité qu'il lui devait, il ajouta sur-le-champ : « Ce sera vous sans doute, parce que vous êtes plus raisonnable que moi. »

Cette estimable docilité est un des meilleurs moyens d'acquérir la sagesse et toutes les vertus. En ouvrant l'oreille aux bonnes instructions, elle les fait descendre jusque dans le cœur pour y répandre des germes féconds. « Mon fils, dit l'Ecclésiastique, aimez dès votre première jeunesse à être instruit, et vous acquerrez une sagesse que vous conserverez jusqu'à la vieillesse. Approchez-vous de la sagesse de tout votre cœur, cherchez-la avec soin, et elle vous sera découverte ; et quand vous l'aurez une fois embrassée, ne la quittez point ; car vous y trouverez à la fin votre repos, et elle se changera pour vous en sujet de joie. »

Les lumières de la raison ont découvert aux païens mêmes cette excellente vérité ; et l'on nous a conservé à ce sujet une belle fiction morale de Crantor, philosophe platonicien. Il disait que les divinités qui président à la richesse, à la volupté, à la santé et à la vertu, se présentèrent un jour à tous les Grecs rassemblés aux jeux olympiques, afin qu'ils leur marquassent leur rang suivant le degré de leur influence sur le bonheur de l'homme. La richesse étala sa magnificence et commençait à éblouir les yeux de ses juges, quand la volupté représenta que l'unique mérite des richesses était de conduire au plaisir. La santé dit que sans elle les plus grands plaisirs sont amers, et que la douleur prend bientôt la place de la joie. Mais la vertu termina la dispute et fit convenir tous les Grecs que la richesse, le plaisir et la santé ne durent pas longtemps sans elle, ou deviennent des maux pour qui ne sait pas en user avec sagesse. Le premier rang lui fut donc adjugé.

En effet, la sagesse même, à parler exactement, mérite

le titre de bien, puisqu'elle seule peut faire le bonheur de l'homme dans cette vie et plus sûrement encore dans l'autre. Elle apprend à faire un noble et digne usage des richesses, ou à s'en passer sans regret quand on ne les a pas. Elle éloigne de nous les sources les plus ordinaires de nos peines, le regret du passé, le chagrin du présent, l'inquiétude sur l'avenir, en renfermant nos désirs dans l'étendue de ce qui est à notre portée, et en plaçant notre bonheur non dans une possession d'objets qui promettent une félicité qu'ils ne donnent jamais, mais dans l'accomplissement de nos devoirs. Elle écarte même de nous jusqu'aux douleurs, qui le plus souvent ne sont que les fruits de l'intempérance et des excès. Les plaisirs de l'esprit et du cœur, que donne toujours une conduite vertueuse, et qui renaissent sans cesse dans une conscience pure et tranquille, marchent à sa suite et l'accompagnent jusque dans l'adversité.

Heureux donc mille fois l'homme qui a trouvé la sagesse ! C'est à son école qu'il apprendra à connaître, à remplir tous les devoirs de l'honnête homme, et à mettre en pratique les excellentes maximes que nous venons d'expliquer.

FIN

TABLE

— Lille, Typ. J. Lefort, 1876 —